W0064693

Weihnachten 2001

FRITZ FENZL

Schutzengel-Wunder

FRITZ FENZL

Schutzengel-Wunder

*Aufzeichnungen aus den
geheimen Archiven der Kirche*

nymphenburger

Im Gedenken an Pater Frumentius.
»… Er war der treue Hüter der
Geheimnisse Gottes.«

Die Namen im Text wurden alle geändert,
mit Ausnahme von Pater Frumentius.

Besuchen Sie uns im Internet unter http://www.herbig.net

© 2001 nymphenburger
in der F. A. Herbig Verlagsbuchhandlung, München
Alle Rechte, auch die der fotomechanischen Vervielfältigung
und des auszugsweisen Abdrucks, vorbehalten.
Schutzumschlag: Wolfgang Heinzel
Schutzumschlagfoto: Artothek, Peissenberg
Satz: Schaber Satz- und Datentechnik, Wels
Gesetzt aus 11/14,5 Punkt Trump Mediäval in Quark XPress
Druck und Binden: Wiener Verlag, Himberg
Printed in Austria
ISBN 3-485-00888-5

INHALT

Leben mit Engeln

»Engel sind reine Geister, die Errungenschaften Gottes,
seine strahlendsten Ebenbilder,
ausgestattet mit einem leuchtenden Verstand,
mit Gott naher Erkenntnis
und mit machtvollem Willen.«

PFARRER A. M. WEIGL

Engel sind, salopp gesagt, die »Geheimagenten Gottes«. Vielfältig ist ihre Mission: Sie retten Leben, retten Seelen, stehen bei, zumeist anonym, den Blicken verborgen. Doch stets ist der persönliche Engel spürbar und präsent.

In fast allen religiösen Überlieferungen haben Engel eine Art Vermittlerrolle inne, sie arbeiten grenzüberschreitend zwischen der Sphäre Gottes und der Sphäre des Menschen.

Die Bibelstelle von »Jakobs Traum auf der Himmelsleiter« geht sogar noch weiter (1 Mose 28,12): Hier steigen die Engel an der himmlischen Leiter auf und ab, göttliche Ideen werden also zwischen den Sphären durch die Engel ausgetauscht.

Engel sind majestätisch, wissend, auch anmaßend und böse wie Luzifer. Einer will jedoch immer nur helfen: der Schutzengel!

Wer an ihn glaubt, mit ihm spricht und ihn lobpreist, wird von ihm geführt. Wer ihm einen Namen gibt, wird ihn erfahren. Er ist die rettende, bewahrende, geleitende Instanz für das Heil (seelisch, körperlich, gesundheitlich, vielleicht gar politisch).

Viele Menschen haben heute bewusste und unbewusste Engelerfahrungen. Die Erklärung für das Auftreten der außerirdischen Helfer wird dann in allen möglichen Bereichen gesucht, auch der esoterische Supermarkt muss gar oft herhalten. Selten setzt die Suche jedoch da an, wo es Sinn gibt: im christlichen Glauben. Viele scheinbar zufällige Ereignisse, Schicksalsschläge, Begegnungen, Fügungen erhalten im Lichte der Engelerfahrung, des Schutzengel-Glaubens, plötzlich sehr plausible Erklärungen.

Das vorliegende Buch bringt authentische Fallgeschichten, aus dem Archiv des Benediktinerpaters Frumentius und bisher Verborgenes aus dem Archiv der Erzdiözese München und Freising.

Dabei zeigt sich stets: Den Zufall gibt es nicht. Alles ist Fügung. Und Schutzengel gehen mit der Zeit (da sie zeitlos sind).

Sie retten durchaus auch einmal vor Computer-Viren, stehen bei elektronischen Crashs zur Seite und sie bewahren diejenigen, die sich ihnen hingebungsvoll anvertrauen, vor den Folgen kommender weltumspannender Krisen.

Der Einzelne kann überleben, wenn er das System erkennt, die richtigen Orte aufsucht und sich der richtigen Führung anvertraut.

Der persönliche Schutzengel führt, schützt, begleitet. Trotzdem ist der Wunsch unseres Schutzengels, uns zu helfen, meist weit größer als derjenige, den wir haben, uns von ihm helfen zu lassen.

Vorwiegendes Ziel dieses Buches soll es sein, den Glauben zu stärken oder zu wecken, den geistigen Weg vorzubereiten für die wunderbare und wohltuende Er-Kenntnis eines jeden Suchenden, letztlich die Quintessenz von allem: Es gibt einen liebenden Gott!

Pater Frumentius weist bereits in den einführenden Seiten seines geheimen Archives eindringlich auf den ersten Satz des nikäischen Glaubensbekenntnisses hin: »Ich glaube an den einen Gott, den Schöpfer des Himmels und der Erde, alles Sichtbaren und Unsichtbaren.«

Wörtlich sagt er: »Damit ist ganz unzweideutig ausgesprochen, dass Gott den Himmel und die Erde geschaffen, dass er alles geschaffen hat, was wir sehen können, aber auch alles, was unsichtbar ist.«

Und nun folgt das Entscheidende: »Dieses Letztgenannte ist die gesamte Welt der Geister ...«

Über das Wesen der Engel sind zahllose Werke geschrieben worden, sie zu lesen würde die berühmte Engelsgeduld erfordern. Die Heilige Schrift lässt erkennen, dass es nicht nur eine unvorstellbar große Zahl von Geistwesen gibt, sondern dass in deren Reihen ebenso zahllose Verschiedenheiten und Ordnungen sind.

Die christliche Tradition spricht von neun Chören der Engel. Vom vielfältigen Wirken der Engel kündet vor allem die Apokalypse. Und Christus? Er spricht von »mehr als zwölf Legionen von Engeln«, die ihm zu Hilfe kämen auf seine Bitte hin (Mt 26,53).

In der Johannes-Offenbarung steht: »Wie ich so hinsah, vernahm ich rings um den Thron, um die Wesen und die Ältesten die Stimme vieler Engel. Ihre Zahl ging in die Tausende und Abertausende.«

Wie sehen diese Engel nun aus? Wie erfahren wir das Ungesagte, Unsagbare, wie erfahren wir den nicht an Spekulation, Theologie und Fachwissen gebundenen Schlüssel der Deutung aller Wahrheiten?

Die mündlich oder schriftlich weitergegebene Erzählung, die wahre Geschichte, vor allem alle nun folgenden wahren Geschichten über das Eingreifen von Schutzengeln bedienen sich ewig gültiger Bildebenen, einer offen dargestellten Geheimsprache, die ohne Grenze von Raum, Zeit und Bildungsstand verstanden werden können.

Bilder sind magisch. Sie ziehen in den Geist ohne Wenn und Aber und sie bleiben dort für immer. Nicht umsonst spricht man vom Imago.

Jede der nun folgenden Geschichten ist mehr als bloße »Story«, also Geschehnis und Ablauf: Sie sind und bedeuten Einweihung, denn jeder, dem ein Engel persönlich begegnet, der hat seine Initiation, er wird nicht mehr so weiterleben (können) wie bisher.

Lesen Sie dieses Buch schöpferisch. Lassen Sie die auftretenden Engel vor ihrem geistigen Auge erscheinen. Und Sie werden der himmlischen Wirklichkeit näher sein, als Sie sich das vielleicht vorstellen können.

Engel sind Geistwesen! Warum soll der Geist sie nicht fassen können? Engel gehören zu den geistig-dynamischen Strömungen, die sich in Strahlungen, Strömungen und Kraftfeldern auswirken. Diese kann jeder spüren und dieses Gespür lässt sich schulen und üben.

Pater Frumentius merkt in seinem geheimen Archiv an: »Wenn schon der sichtbare Kosmos so gewaltig ist in seiner Vielfalt, in seiner aberwitzigen Größe und Ausdehnung, wie viel größer in allen Dimensionen muss wohl die Welt der Geistwesen sein?«

Was nun ist das genau: der Schutzengel?

Nochmals Pater Frumentius: »Von der Menschwerdung bis zur Himmelfahrt ist das Leben des Fleisch gewordenen Wortes von der Anbetung und dem Dienst der Engel umgeben. Von der Kindheit bis zum Tod umgeben die Engel mit ihrer Hut und Fürbitte das Leben des Menschen.«

Jeder kann die Gegenwart seines Schutzengels spüren: als eine Art elektrisierendes Prickeln, wie bei schwacher elektrischer Spannung oder als undefinierbares Etwas in unmittelbarer Nähe, eine Wesenheit, die allerdings beruhigend wirkt und nicht Angst einflößend oder beunruhigend.

Kennen Sie dieses bestimmte Gefühl unbändiger Freude, überfließender Lebenslust ... wenn Freude, Harmonie, Liebe und verzeihender Humor plötzlich

ohne besonderen Anlass auftreten, gleichsam über-
fallartig? Oh ja, es kann der Engel sein, der sich mit-
teilt.

Oder es hilft Ihnen jemand ganz unerwartet? Zufällig erscheinende Akte der Nächstenliebe werden oft
vom Schutzengel inszeniert.

Der Schutzengel ist dem Menschen lebenslang zur
Seite gestellt. Viele religiöse Überlieferungen künden davon.

Visualisieren Sie zum besseren Verständnis doch
einmal ein Bild aus längst vergangenen Kindertagen:
Die Kinder wandeln mit traumhafter Sicherheit
über einen schmalen Steg, unter dem sich der Abgrund auftut, der ungestüme Wildbach sich tosend
Bahn bricht. Abgrund des Seins! Doch die Kinder
sind beschützt – und sie wissen es, haben Urver-
trauen. Der Schutzengel schreitet hinter ihnen, gibt
göttliches Geleit. Er gibt himmlische Sicherheit.
Vertrauen wir denen, die uns so oft schon beschützt
haben.

Wie oft wird er uns schon beschützt haben, ohne
dass wir es wussten? Danke, Schutzengel!

Engel in Menschengestalt

DER HÜNENHAFTE
BLONDE BESCHÜTZER

Die folgende Schutzengelgeschichte erzählte Pater
Frumentius, der dreiundneunzigjährige, weise Benediktiner und unangefochtene Fachmann in paranormalen Fragen, er gab sie mir telefonisch weiter, war
dabei auch sehr aufgeregt, denn unmittelbar zuvor
war ihm die Begebenheit von der betroffenen Frau
berichtet worden.

Anna Diepholzer hatte ihr Auto geparkt, an einem
malerischen Waldrand geschah dies, die Sonne
schien und das aufregende Spiel der Strahlen zwischen den Stämmen und Ästen gefiel ihr. Sie betrat
den einladenden Hochwald, der allein durch seinen
Namen Spessart schon für Romantik, Tradition und
hoch aufragende Laubhölzer bürgt. Nach einigem
Herumstreifen und Träumen fand sie einen Weg,
dem sie folgte.
Wie es oft so geht an schönen Tagen: Nach und nach
gewann sie an guter Laune, die Gedanken flogen, ihr
fiel deshalb auch ein, dass hier, ganz in der Nähe von
Mespelbrunn, eine ihr bekannte Familie wohnte.
Warum nicht diese überraschend besuchen!

Tatsächlich, nach längerer Wanderung fand sie das Haus, es lag wohl eher westlich des Ausgangspunktes ihres langen Spazierganges, am Rand des Gehölzes, Anna musste demnach wohl eine ordentliche Strecke zurückgelegt haben. Ganz eigenartig: Das Zeitgefühl schien ihr an diesem Tag verloren gegangen zu sein …

Als sie an der Tür läutete, ward ihr mit Freuden aufgetan, man erkannte die liebe alte Freundin sofort.

»Ja, Anna! Jetzt musst du aber auf einen Sprung hereinkommen!«

Wie es so geht: Die Gesellschaft stimmt, man unterhält sich köstlich.

Nur die Zeit! Der Gedanke traf Anna wie ein Blitz.

»Um Himmels willen! Ich muss wieder zurück zum Auto!«, schoss es ihr durch den Kopf.

In dem Moment hatte sie den Gedanken auch schon ausgesprochen: »Ich muss zu meinem Auto!«

»Wir können dich hinfahren, wenn du weißt, wo es steht«, so der Hausherr.

»Nein, nein, wenn ich jetzt gleich gehe, dann finde ich noch bei Tageslicht den Weg, ich bin ja immerzu nur geradeaus gegangen.«

»Wenn du meinst. Dann geh jetzt aber lieber gleich. Die Sonne wird nicht mehr lange da sein!«

Hastig, aber herzlich war die Verabschiedung. Nach tausend Versprechungen, recht bald wieder zu kommen, stand Anna erneut auf dem Kiesweg, der recht

bald in den angenehm weichen Waldweg überging.
Schnellen Schrittes begann sie den Marsch zurück.

Die Natur schien ihr so schön wie vor Stunden, das etwas zurückgenommene Licht kam ihr einladend vor, stimmungsvoll und romantisch, an eine Gefahr dachte sie nicht.

An diesem Tag lebte sie »in einer anderen Welt«.

Dann zog der Weg sich in die Länge, auch wurde sie müde, vielleicht auch etwas ängstlich oder unsicher, doch erkannte sie immer wieder an Besonderheiten des Pfades, die sich ihr beim Herkommen eingeprägt hatten, dass der Weg stimmte: Da der abgebrochene Baum, hier der kleine Tümpel, dort die Markierung an der Gabelung. Jetzt konnte es nicht mehr weit sein.

Dann stand der Mann vor ihr, am Rande des Weges, etwa zwanzig Meter entfernt. Er stand anders, als jeder harmlose Wanderer, Arbeiter, zufällig Vorbeikommende, verhielt sich anders, starrte sie unverwandt an.

Und trotz der Entfernung wusste sie: Dieser Mensch ist böse, gemein, zerstörerisch triebhaft.

Sein unverwandtes Starren auf die Frau bedeutete den Blick der Schlange auf das Opfer.

Anna hatte keine Chance. Laufen? Wohin?

Da begann sie zu beten. Inbrünstig, verzweifelt, echt. »Schutzengel, hilf ... bitte, bitte!«

Einer Intuition folgend, setzte sie den Weg fort. Sie musste an dem Mann vorbei, egal wie. Zurücklaufen wäre sinnlos und zu sehr die typische »Opferhaltung« gewesen.

Da schritt sie vorwärts, betend wie nie im Leben zuvor. Immer wieder: »Schutzengel, hilf, hilf mir doch!«

Als sie auf Höhe der hoch aufragenden Gestalt war, da sah sie erst das Böse in diesem Gesicht. Doch der Mann stand wie angewurzelt, er griff Anna nicht an. In seinen Augen war eine Mischung aus entwurzeltem Hass, Angriffsbereitschaft – und zugleich Zurückhaltung. Warum tat er ihr nichts?

Eine knappe Stunde später war sie beim Auto, erreichte die Pension, in der sie wohnte. Schlafen konnte sie kaum. Als sie dann doch, völlig matt und übermüdet, in Schlaf sank, wurde sie von schlimmen Träumen und Ahnungen verfolgt und gepeinigt.

Ahnungen!

Am nächsten Morgen läutete früh das Telefon. Ihre Freunde erzählten ihr ganz aufgeregt: »Du, in dem Wald, in dem wir wohnen, ist etwas Schreckliches passiert. Eine Frau wurde getötet. Mein Gott, sind wir froh, dass du es nicht bist. Übrigens hat man den Mörder schon, ein Gewalttäter, der aus dem Gefängnis entkommen ist.«

Anna rang nach Luft. Sie erzählte später ihren Freunden und der Polizei, was sie selbst erlebt hatte. Es kam zur Gegenüberstellung mit dem Täter: Es war der Mann der Weggabelung.

Warum er denn Anna nicht überfallen hätte, so wurde er gefragt. Denn er machte in seinen Aussagen keinen Hehl daraus, auf ein passendes Opfer nur gewartet zu haben!

»Ich bin doch nicht wahnsinnig«, erwiderte er barsch und herausfordernd, »die Frau da wurde von einem hünenhaften blonden Mann begleitet. Stolz und erhaben schaute der mir beständig in die Augen und wartete doch nur darauf, sich mit mir anzulegen ...«

Anna traute ihren Ohren nicht. Die innigen Gebete waren erhört worden. Der Schutzengel hatte sie genau im Moment der höchsten Not begleitet.

Und sie hatte ihn nicht einmal gesehen.

Gar nicht so selten: Der Schutzengel materialisiert sich und kommt in Gestalt eines Erdenmenschen, genau im richtigen Augenblick. Oftmals sind diese rettenden Engel durchaus sichtbar. In diesem Falle jedoch zeigte der Engel sich nur dem Triebtäter und erreichte damit seine Wirkung. Mögen andere Fälle, wenn genau zur rechten Zeit der rechte Helfer erscheint, als Zufälle abgetan werden (was sie nicht sind), bei der oben erzählten authentischen Geschichte wird besonders klar: Es half ein über-irdisches Wesen.

Die Bibel betont, dass Engel Gottes Geschöpfe sind: »Vier Engel standen an den vier Ecken der Erde.« (Offenb. 12,7f.)

DER PRIESTER IM WALD

Die folgende Geschichte spielt im Jahre 1923, lange
vor der Motorrad-Mode, wie sie in den siebziger Jahren in Deutschland und in den Nachbarländern ein-
setzte. Aber auch damals vor dem Krieg gab es in-
teressante zweirädrige Maschinen mit hochwertiger
Technik.

Ludwig L. konnte sich solch ein Motorrad leis-
ten, nicht nur das: Er war Besitzer einer Landvilla,
hatte eine schöne Frau, die ihn mochte und zu ihm
hielt.

Er aber betrog sie – und damit letzten Endes sich
selbst! Ihm ging es finanziell ziemlich gut, was sich
seit Jahren jedoch leider ungut auf seinen Charakter
ausgewirkt hatte – der feine Ludwig lebte im Übri-
gen »standesgemäß« in unmittelbarer Nähe der
herrlichen Mozartstadt Salzburg. Über all dem
Wohlstand vergaß er so ganz den Lebenswandel, wie
er ihn als Ehrenmann, der er dereinst gewesen, im-
stande zu führen gewesen war …

So kam eines jener Wochenenden, da er sich um seine Frau Katharina hätte kümmern sollen, die, aus
Pflichtgefühl oder Zuneigung, die missliche Situa-

tion ertrug und pflichttreu die kleine Anna, das gemeinsame Kind, aufzog.

Ihn focht das alles nicht an, er schwang sich auf sein neu erstandenes Motorrad und knatterte weit über die Felder, bis er den Rand des nahe gelegenen Waldes erreichte.

Ohne Rücksicht auf vierbeinige oder gefiederte Waldbewohner schoss er den schmalen Weg zwischen hohen Bäumen entlang, bis er eine Lichtung fand, die ihm zusagte. Er stellte die Maschine an eine starke Buche und ließ sich ins Gras sinken.

Doch die erhoffte Ruhe stellte sich nicht ein, trotz der herrlichen Umgebung. Ludwig ließ sich mit dem Kopf auf bequem daliegende Tannenzweige sinken, legte eine Decke dazwischen: eigentlich die ideale Lage, um zu entspannen.

Aber nein. Die innere Unruhe wurde immer stärker. Ludwig schwang sich wieder auf sein Motorrad und fuhr, quer über nur zentimeterhohe junge Fichten, auf den Waldweg zurück. Dann rieb er das Gas auf, fuhr ziellos irgendwohin, am besten weit weg von sich selbst.

Jetzt streikte allerdings das Motorrad. Schluss. Aus. Nichts ging mehr. Er versuchte, den Fehler festzustellen, wechselte Zündkerzen aus, sah nach dem Vergaser ... fand nichts.

Ein zorneifriger neuerlicher Startversuch! Mit ganzem Körpergewicht lässt Ludwig sich auf den Trittanlasser fallen.

Nichts außer einem deprimierenden »Klack-pffth«.
Noch einmal. Wieder nichts. Ludwig beginnt, laut und ordinär zu fluchen.

Da ertönt hinter ihm eine Stimme, laut, fest, männlich – und doch nicht von dieser Welt: »Dein Motorrad wird erst wieder funktionieren, wenn ich mit dir gesprochen habe!«

Ludwig fährt hoch.

»... eher wird der Motor einfach nicht anspringen, mein Lieber!«

Da stand in voller Leibhaftigkeit eine auffallend hoch gewachsene, edle Priestergestalt. Später wird Ludwig berichten: »Aber dieser Priester in herrlichen teuren Gewändern, das war kein Priester – das war überhaupt kein Mensch!«

Und der Priester spricht mit nahezu magnetisierender Stimmlage: »Ich bin dein Schutzengel.«

»Wie bitte?

»Du hast schon richtig verstanden: dein ganz persönlicher Schutzengel. Und du wirst von nun an dein Leben zum Besseren verändern. Sonst bist du in einem halben Jahr tot ... und auch noch verdammt! Dein schönes neues Motorrad brauchst du dann eh nicht mehr.«

Ludwig reibt sich die Augen und schaut zwei Mal hin.

»Du siehst und hörst schon richtig«, sagt der Engel des Herrn. »Und noch etwas: Vergiss diese Begegnung mit mir nie!«

Nach diesem Satz des Engels-Priesters rieb Ludwig sich erneut die Augen. Dann sah er zum zweiten Mal hoch. Die Erscheinung war verschwunden und kam auch nicht wieder.

Lange stand er da im Wald, ganz mit sich und seinen unverarbeiteten Eindrücken allein. Dann erst fiel ihm ein, dass er ja ein Motorrad hatte. Und noch eins kam ihm schmerzlich in den Sinn: die Maschine war kaputt! Zum Zeitvertreib und ganz ohne Hoffnung auf Erfolg ließ er sich noch einmal auf den Kickstarter fallen.

Augenblicklich taten die Zündkerzen ihre Arbeit. Der Motor sprang an, das für diesen Motorradtyp typische Klopfen war laut und überdeutlich zu hören. Der Wald erbebte und erschauderte und Ludwig ritt, stolz und erhaben wie ein König nach dem Gralserlebnis, aus dem herrlichen Naturtempel hinaus.

Ganz seinem Charakter entsprechend, hielt das wunderbare Erlebnis jedoch nicht lange vor. Er betrog seine Frau wie eh und je, blieb der Kirche fern, spottete, wenn er billigen Applaus erwartete, auf alles, was heilig ist, und er betrog seine Mitmenschen und Kunden.

Sein Gesundheitszustand allerdings verschlechterte sich von Tag zu Tag, es handelte sich um einen unerklärlichen Kräfteverfall, den ihm kein Arzt erläutern konnte. Nur einer – mehr Seher denn Arzt –, der sagte leise zu Ludwig: »Sie sollten Ihren Lebenswandel überdenken.«

Augenblicklich wechselte Ludwig den Arzt.

Nun reichte ihm ein unendlich gütiger Gott aber noch einmal die Hand. Der Schutzengel begegnete Ludwig in Form eines zuhörbereiten Freundes. Dem schüttete der Sünder unvermittelt das Herz aus. Er erzählte wie ein Wasserfall, alles sprudelte aus ihm heraus, er war außerordentlich ehrlich, erzählte unverblümt, wie schlecht er seine Frau behandelte und wie gut er die Kunden anschmierte … und schließlich berichtete er auch von der seltsamen Begegnung im Wald mit dem »Priester«.

Da allerdings reagierte der Freund sofort: »Du hast ein Zeichen vom Himmel bekommen. Das war wirklich dein ganz persönlicher Schutzengel! Gehe sofort in dich. Vor allem solltest du beichten!«

Vor Jahren hätte dies keiner zu Ludwig zu sagen brauchen. Beichten! Lächerlich. Diesmal aber »war er so weit«.

Er suchte sich einen Priester, den er kannte, und während eines langen Spazierganges am See schoss alles aus ihm heraus. Der Geistliche erteilte die Absolution, segnete ihn und sagte dann versonnen: »Da haben Sie aber einen Schutzengel gehabt!«

Und Ludwig gesundete. Körperlich, geistig und seelisch!

Der Schutzengel erschien Ludwig zwei Mal in Menschengestalt: Einmal ziemlich verklärt mit dem für echte Schutzengelbegegnungen so typischen »Ver-

schwinden«. Dann als realer Freund, aus dem heraus Gott und der Engel sprechen. Wichtig ist bei einer solchen Lebensveränderung das Sakrament (der Buße, folgerichtig des Abendmahles), um den Fluch des schlimmen Lebens zu lösen.

»Schwer Bedrohten ging nicht selten eine äußere oder innere Warnung voraus«, schreibt Pater Frumentius wörtlich in den Aufzeichnungen seines geheimen Archivs. Er meint dies sicherlich nicht nur körperlich, sondern auch seelisch. Wer »hören« will und »sehen«, für den ist es nie zu spät für die Rettung.

Der hochherrliche Reiter

Diese Geschichte ist aus dem Mittelalter überliefert. Heliodorus war anfangs ein frommer Mann, fiel dann aber mehr und mehr vom Glauben ab, bis seine Seele beschädigt war wie eine alte Reitdecke. Mehr und mehr wurde die Gesellschaft, die er aufsuchte, schlechter und er fand sich am Ende vollends unter Räubern.

Erst waren es Gelegenheitsdelikte, dann handfeste Diebstähle – erwischt wurde er allerdings nicht, denn er war nicht dumm und hatte ein solides Auftreten: Und immer noch hielt er seine angesehene Stellung bei Hofe inne. Vielleicht fiel da ein Schurke, wie er einer war, nicht weiter auf?

Dann begann er den König selbst auszurauben, wenngleich auf elegante und unauffällige Weise; sein Geschick, sein kaufmännischer Sinn und seine Rechenbegabung kamen ihm dabei zugute. Heute würde man gnädig »Unterschlagung« oder »Spendenaffäre« zu derartiger Vorgehensweise und zu solchen Vorkommnissen sagen.

Weil der mittelalterliche Edelganove immer noch nicht aufflog, ging er immer noch einen Schritt weiter. Er machte sich daran, »... deß Geistlichen Schatz-Kasten im Tempel« unschicklich zu öffnen.

Er bestahl also »den Tempel«, will sagen die Kirche und deren Kostbarkeiten, indem er aus der Schatztruhe entnahm, was er für geeignet hielt. Auch dies fiel nicht auf, denn er ging geschickt vor und ersetzte wertvolles Entwendetes durch billigere Pretiosen, die er aus dunkleren Quellen hatte.

Wollte er gar noch die »ganze Schatulle« mitgehen lassen, wie in der alten Quelle vermutet wird?

Wäre damit der Hostienschrein gemeint, was aus dem alten Text nicht hervorgeht, dann wäre Heliodorus ein Kelchräuber!

Solcherart Frevel musste unterbunden werden.

Gott schickte dem Schurken einen Engel, interessanterweise keinen Racheengel (trotz des derben Fortganges der Geschichte), sondern einen Schutzengel. Der allerdings kam nicht mit Samthandschuhen, auch kam er nicht allein, und die dann folgende »geistige Belehrung« hat Heliodorus wieder auf die gerade Bahn zurückgebracht.

Im Text jedenfalls steht: »Die Engel deß Herren/ deren einer wie ein erschrockener Reitter/andere zwey aber wie schoene herzlichisi gekleydete Jüngling gestaltet waren ...«, diese »Heilige Dreifaltigkeit« prügelte den frevelhaften kirchlichen Schatzräuber in die Flucht, indem sie ihm »... ohne Unterlaß schwaerlich und schmertzlich geschlagen und gezuechtiget!«

Zugegeben, diese Schlägerei im Namen des Herrn ist nicht unbedingt engelsgleich, sie war jedoch das probate Mittel, um dem im Glauben und in der Gesinnung so sehr »abgestürzten« Heliodorus wieder auf die (spirituellen) Standbeine zu helfen.

Der Engel des Herrn muss also gar nicht immer nur lieb sein, er kann ganz gut »hinlangen«. Allerdings erscheinen die Engel sogar in dieser sehr groben Textvorlage ausgesprochen schön, ästhetisch, herrlich: Zeichen ihrer Macht und Gottesnähe. Die Strenge des Gottesboten (und damit Gottes selbst) hängt sicher mit dem alten Gottesbild des frühen Mittelalters zusammen, in dem der Schöpfer aller Welten eher als strenger Richter und Mahner, denn als nur liebender, dauernd gütiger Vater auftritt. Oder fällt es uns heute besonders schwer zu akzeptieren, dass der »Weg zurück«, die Umkehr zur Wahrheit, auch manchmal wehtun kann?
Frumentius sagt nicht umsonst immer wieder, dass die Erde zur »Kampfarena« geworden sei, in der die guten gegen die bösen Geister kämpfen – im Kopf des Menschen.

Der Soldat und
die Macht des Gebets

»Es war in den letzten Tagen des Krieges«, so beginnt eine junge Frau ihre Geschichte, eine düstere Erzählung aus den späten Tagen des Zweiten Weltkrieges in Westpreußen.

Dort wohnte Silke mit ihren Kindern im Elternhaus. Die Eltern waren inzwischen alt geworden, alt nicht nur im körperlichen Sinne, sondern auch psychisch; der entsetzliche Krieg hatte zu sehr den »Lebensnerv« des Ehepaares getroffen. Nun konnten sie kaum mehr gehen; und von dem kleinen Häuschen mit dem angrenzenden Laden hatten sie nicht viel: Arbeit und nochmals Arbeit. Dies war ihr Leben gewesen, zermürbendes Sparen und nun seit Jahren das karge, von Ungewissheit und Angst geprägte Leben während des Krieges.

Die allgemeine Stimmung konnte in dieser schrecklichen Zeit nicht gut sein, eher war die Gefühlswelt, wie sie sich darbot, mit dem Vorabend der Apokalypse zu vergleichen. Seit langem hörte man in der Ferne das Getöse der Front, eine jaulende, dumpf detonierende, von Tod und Schmerz erzählende Musik des Unterganges.

Und sie kam immer näher, diese Front.

»Was tun?« Das fragte Silke sich immer wieder. Doch eine Antwort gab es nicht. Die Eltern: alt und apathisch, die Kinder der jungen Silke klein und damit ebenso hilflos: Harald sieben Jahre, Gerhard nur zwei Jahre. Kein Vater der Kinder da, der irgendwie hätte zupacken können und helfen.

Fliehen? Ohne Wägelchen? Ohne Pferd? Mit den gebrechlichen alten Leuten, mit den kleinen Kindern? Ein Ding der Unmöglichkeit.

Es blieb nichts anderes als schicksalsergebenes Warten. Und die düstersten Vorahnungen sollten sich erfüllen: Als die Russen in das Dorf einrückten, nahmen sie sogleich alle Männer gefangen. Silke sah ihren Vater nie mehr wieder.

Von da an waren jeder Tag und jede Nacht nur ein einziges Bangen und Zittern, es möge nicht noch mehr passieren! Dann, mitten in der Nacht, ein wütendes Klopfen an der Tür. Das war kein Bitten um Einlass, sondern man hörte dem Klopfen an, dass im nächsten Moment die Tür eingeschlagen werden würde.

Gott!

Die alte Mutter, der man vor wenigen Tagen den Mann verschleppt hatte, öffnete. Zwei Soldaten stürzten herein, völlig betrunken und unberechenbar.

Gott! Hilf!

So berichtet Silke die Ereignisse weiter: Der eine der beiden Soldaten schien harmlos zu sein. Er war müde und setzte sich auf die Ofenbank in der Küche. Er wollte seine Ruhe, doch gerade das war das Gefährliche, denn was der andere vorhatte, das war dem Ersteren sichtlich egal. Silke berichtet: »Ich begab mich schnellstens mit den Kindern ins Schlafzimmer. Und schloss zweimal ab.

Da! Ein Krach. Ein Splittern von Holz. Trümmer, die eben noch meine Schlafzimmertür gewesen waren, landeten auf dem Fußboden.

Der Soldat stand vor mir, in seinen Augen höhnte der Teufel Alkohol.

Man sah genau, dass dieser Mensch von fremden Mächten getrieben war. Der Blick war nicht der eines Menschen, der Blick war einerseits dumm und blöd, andererseits besessen von Hass, Zerstörungsgier, überhaupt Gier ...

Schon zog er seine Pistole, legte auf mich an – und drückte ab.

Die Pistole versagte.

Ich faltete die Hände, nicht um diesen Mann anzuflehen, sondern um zum Schutzengel zu beten: ›Heiliger Engel, hilf!‹

Der Wahnsinnige zielte erneut auf mich und drückte ab. Wieder versagte die Waffe. Da stand sein Kamerad in der Tür. Er sah mich beten und sagte in gut verständlichem Deutsch: ›Du solltest auch beten. Beten ist gut. Meine Mutter betet auch!‹

Aber wieder nahm der Erste die Waffe fest in beide Hände. Er zielte wieder auf meinen Kopf. Die Zeit schien jetzt stillzustehen. Gab es überhaupt noch Zeit in diesem Moment? Und zum dritten Mal drückte er ab. Und wieder versagte die Technik! Da schien ein Ruck durch den Mann zu gehen. Er sackte in die Knie, kauerte sich an das Bettgestell und fing an, hemmungslos, erst wütend, dann hilflos, zu heulen. Die Waffe lag neben ihm auf dem Holzboden, er beachtete sie nicht mehr.«

Der andere Soldat begann zu erzählen: »Der da ist Apotheker. Eben erst, vielleicht vor eine Stunde, bekam er die Nachricht, die Deutschen hätten ihm seine geliebte Frau und alle Kinder erschossen. Darauf schwor mein Freund, er würde heute nicht eher schlafen gehen, bevor er eine deutsche Frau samt deren Kindern erledigt hätte!«

Wie anders war alles gekommen!

»Gott hat uns bewahrt«, so endet Silke ihren schockierenden Bericht. Sie richtete sich nach diesen Ereignissen im Schlafzimmer aus ihrer Kauerhaltung hoch, deckte den Tisch in der Küche und bot den beiden Soldaten Essen an – soweit es überhaupt Essen gab in dieser Zeit. Sie saßen die ganze Nacht, waren fassungslos ob des Wunders und beteten.

Mitten im Krieg eine Tischgemeinschaft himmlischen Friedens.

Hier handelt es sich um den klassischen »Kampf im Himmel« zwischen Gut und Böse, der auf Erden weitergeführt wird. Der Schutzengel schlüpft in die

Rolle des »anderen Soldaten«, der dann den entscheidenden, letztlich die Wendung bringenden Impuls gibt, da er die gewaltige Macht des Gebetes erkennt. Ein Engel in Menschengestalt also.

Frumentius wörtlich in seinem geheimen Archiv: »In all die Verunsicherungen unserer Zeit leuchtet allein als rettendes Licht die geoffenbarte, ewig gültige Wahrheit, die verkündet ist von Christus, der uns der Weg, die Wahrheit und das Leben ist.« Und ein paar Seiten weiter zitiert Frumentius den Katechismus der katholischen Kirche: »Sie (die Engel) sind da, seit der Welterschaffung und im Laufe der ganzen Heilsgeschichte; sie künden von ferne oder nahe das Heil an und dienen dem göttlichen Plan ...«

DER BESCHÜTZENDE RING

Dereinst lebte ein anmutiges Mädchen im Norden Italiens, genauer gesagt in Florenz.

Agnes hieß sie, stammte aus allerbester Familie und war in Gedanken viel bei ihrer bevorstehenden Hochzeit mit Alessandro, dem stolzen Sohn eines Kaufmanns.

Sie mochte Alessandro, es war jedoch hauptsächlich eine Angelegenheit des Sich-fügen-Müssens, denn Agnes' Vater hatte die Verbindung beschlossen, zusammen mit dem sehr einflussreichen Vater des Bräutigams.

Da Agnes im späten Mittelalter lebte, war ihr nicht die Gnade der freien Verfügung über ihr eigenes Schicksal geschenkt. Immerhin, sie sollte den begehrtesten Junggesellen der blühenden Stadt bekommen, war das kein Grund zur Freude?

Irgendetwas in ihrem Inneren nagte, bohrte und warnte. Doch gleich siegte wieder die Vernunft, auch die Aussicht, gut versorgt zu sein, Mutter vieler Kinder zu werden …

Wenngleich es keiner ahnte oder sehen wollte: Agnes war eine junge Frau, die zu allerfeinsten Empfindungen fähig war. Am liebsten verbrachte sie freie Stunden vor dem Stadttor, saß im Gras, verstand die Sprache der Vierbeiner und Vögel, ja sogar mit Bäumen, Sträuchern und Blumen konnte sie sich unterhalten.

Und wenn es niemand merkte, pflegte sie gar Kontakt mit Jasmina, der Hexe: denn diese seltsame Frau, die jedermann aus der Stadt mied, sie verstand die hoch ausgeprägte Fein-Sinnigkeit und Über-Sinnlichkeit der jungen Agnes wie kein anderer Mensch auf Erden.

Alessandro! Zugegeben: Hübsch, durchaus männlich, angeberisch, stolz – und dumm. Oberflächlich, reich und mit einem Hang zu Brutalität, der ihr Angst machte.

Agnes wollte einige Male über die stets warnende innere Stimme mit Vater reden. Der wischte ihre Bedenken allerdings mit herrischer Geste beiseite: »Sei froh, dass du ihn bekommst; wenn du erst verheiratet bist und Aufgaben hast, dann vergehen diese Flausen sowieso!«

Traurig schlenderte sie durch die Straßen und fand den Weg durch das große Stadttor. Sie traf jedoch nicht Jasmina, sondern eine Engelsgestalt, groß, hochherrlich und blond.

»Nimm dies Ringlein«, sagte der Schutzengel gütig, »es wird dich beschützen, denn du bist wirklich ernsthaft in Gefahr.«

Agnes steckte den Ring an.

Und fühlte sich auf der Stelle auf sonderbare Weise stark, stark im Glauben, im Charakter und in der Zuversicht.

Einige Schritte weiter verstellte plötzlich ihr Verlobter Alessandro ihr den Weg.

Ungebremste Gier flackerte aus seinen Augen, Gier, die über das liebende Verlangen eines jungen Mannes weit hinausging!

Bevor sie ihn artig grüßen konnte, hatte er sie mit derbem Griff am Arm und schrie: »Du kleine Hexe! Du gehörst mir, selbst dein Vater will es!«

Und er warf sie zu Boden und wollte ihren Körper und ihre Seele.

Voller Verzweiflung drehte Agnes an dem Ring. Da erschien ein Ritter, wer weiß, woher, stieg ab und verprügelte den Rohling so, dass er sein Leben lang hinkte.

Für Agnes war es ein Leichtes zu entkommen. Sie blickte zurück auf den am Boden liegenden Verlobten.

Der Retter war verschwunden.

Von Männern hatte sie genug. Sie erkannte, dass das Ringlein ein Verlobungsring mit Jesus Christus gewesen war, und begab sich ins Kloster, wo sie bald eine angesehene Oberin ward. Alessandro blieb allein und wandte sich später ebenfalls dem Glauben zu.

Selbst er durfte erkennen, dass der unvermutete Retter von Agnes nicht von dieser Welt gewesen sein konnte.

So halfen Gott und sein himmlischer Handlanger, der Schutzengel, nicht nur Agnes aus größter Not, sondern leiteten auch ihrem Peiniger den Weg zur Umkehr und Läuterung ein.

Der Herr hat den Schutzengel an unsere Seite gestellt, damit er uns in solchen Situationen größter Not beistehen kann. Wie groß die Güte Gottes ist, zeigt, dass auch Menschen, die einen unheilvollen Pfad eingeschlagen haben, immer wieder die Möglichkeit bekommen, zum Glauben zurückzufinden.

EIN UNFALL
WIDER DEN ZEITGEIST

Das Ehepaar Ludwig und Elisabeth O. hatten lange
»aufeinander gewartet«. Beide blickten auf eine ausgeprägte Junggesellen- und Junggesellinnenzeit zurück, als sie sich bei einer festlichen Gelegenheit in
Berlin endlich begegneten. Das geschah im urwüch-
sigen Stadtteil Kreuzberg, in der Fidicinstraße.

Zu ihrer schnell entflammten und durchaus ehrlich
empfundenen Liebe kam eine tiefe Dankbarkeit,
dem leidigen Alleinsein inmitten der Luxusgesell-
schaft, die sie umgab und der sie selbst angehörten,
endlich entronnen zu sein. Und es war auch so. Man
besuchte sich gegenseitig, jeder freute sich über die
geschmackvolle Wohnung des anderen; es wurde
eine wunderschöne Zeit, die durch die berühmte
rosa Brille noch farbiger erlebt wurde, als sie sowieso schon war.

Wie es jeder der Freunde und Freundinnen lange
schon erwartet hatte: Bald folgte die Heirat.

Traumhochzeit! Die fand wirklich im ganz großen
Rahmen statt, denn beide hatten beruflich viel erreicht: Ludwig war Top-Mann in der immer noch
steil aufsteigenden EDV-Branche, Elisabeth Direkt-

rice in einem bundesweit hoch angesehenen, ja weltweit namhaften Firma für exclusives Modeaccessoire.

So eine Heirat ist ein feiner gesellschaftlicher Rahmen, lässt sich ausgezeichnet mit einer großen Party verbinden, die nicht nur Spaß macht, sondern auch noch die sowieso grandiosen Kontakte vertieft und fördert.

Es war ein Fest, von dem sogar die lokalen Zeitungen gerne und anerkennend berichteten: »Zwei Erfolgreiche gaben sich das Ja-Wort ...«

Und tatsächlich blieb ihnen das Glück hold, beruflich sowieso.

Aber ist das Leben ein Traum?

Es ist das Leben.

Das hat so herrliche eigene Gesetze. Göttliche Gesetze nämlich. Elisabeth wurde schwanger. Ungewollt. Wie konnte das passieren, da doch beide im Leben so sehr »wussten, was sie wollten«. Er, Ludwig, ein erfahrener Manager, Elisabeth in ihrem Bereich ebenfalls gewohnt, dass alles nach dem eigenen Kopf ging. Sie hatten doch alles unter Kontrolle?

Das Leben dachte anders. Und die beiden begriffen nicht, dass der größte Wert, den dies Leben zu bieten hat, nämlich »es selbst«, das Leben, vor der Tür stand und anklopfte.

Geld war da, Raum, Platz. Eine Situation, von der andere nicht einmal zu träumen wagen.

Nur Ludwig und Elisabeth dachten anders. Denn die Karriere, das Standesdenken, die so genannte Selbstbestimmung, all das war bestimmt von eigener diabolischer Wertigkeit.

»Undenkbar«, sagte Elisabeth unter Tränen, »in meiner Situation ein Kind! – Wenn ich einige Monate ausfalle, hat sich meine Konkurrentin in meiner Position etabliert!«

Ludwig war von der Möglichkeit, Vater zu werden, durchaus angetan: »Wir haben doch genug! Ich werde für uns sorgen. Und in ein paar Jahren …«

»Hausfrau und Mutter«, schrie Elisabeth spitz. Für sie war der Abend gelaufen. Sie wollte auf keinen Fall ein Kind und wusste, was zu tun war.

Der Traum war zum Albtraum geworden. Wie konnte ihr Mann so etwas von ihr verlangen? Sollte sie auf alles verzichten?

Und sie merkte nicht, dass sie wirklich auf etwas ganz Wesentliches im Leben verzichten wollte: die Menschwerdung des eigenen Kindes.

Auf dem Weg zu einem Frauenarzt krachte ein Lieferwagen in ihren eleganten Mercedes. War der Fahrer denn wahnsinnig! Er hatte die Vorfahrt eindeutig und sträflich missachtet.

Wahrscheinlich war er betrunken. Na, zum Glück blieb sie selbst heil, der Unfall war von der Beifahrerseite her passiert.

Sie schaltete die Warnblinkanlage ein und stieg aus. Auch der Unfallpartner war ohne eine Schramme geblieben – bei der Wucht des Aufpralls eigentlich ein Wunder.

Höflich kam er ihr entgegen, entschuldigte sich so einnehmend und aufrichtig, dass ihre anfängliche Wut dem natürlichen Aufgeregtsein wich.

Wirklich, der junge blonde Mann war durchaus sympathisch, einnehmend und gewinnend.

»Gott hat es wohl so gewollt«, sagte er.

»Na ja, Gott …«, meinte Elisabeth achselzuckend.

Der Fahrer des Lieferwagens betrachtete die junge Frau, genau und diagnostisch, vielleicht so, wie ein Arzt seine genesene Patientin anschaut. Er lächelte, da er sah, dass ihr nichts passiert war: »Da haben wir beide einen Schutzengel gehabt!«

Das ging ihr in eigenartiger Weise unter die Haut und die zerbeulten Autos verloren für sie jegliches Interesse. Der blonde Mann betrachtete ebenfalls die Wagen, schätzte den materiellen Schaden offensichtlich so gering ein wie sie selbst, musste lachen und sagte dann unvermittelt: »Das ist alles nicht so schlimm, wie wenn ein Menschenleben betroffen ist oder gar ein Kind.«

Da zündete in Elisabeth ein flammender Blitz der Erkenntnis.

Ein Kind! Sie selbst trug ein Kind unter dem Herzen. Was sagte der junge Mann sonst noch … Irgendetwas redete er, über die Unfallabwicklung, über Versicherungen und Schadensregulierung.

»Ist schon gut …«, murmelte Elisabeth nur.

Würde sie einen Jungen bekommen oder ein Mädchen? Warum nur hatte sie darüber noch niemals nachgedacht! Wie hatte sie überhaupt so denken können! Sie wollte das Kind.

… und sie brachte einen gesunden Jungen zur Welt.

Engel in Menschengestalt. Unser im wahrsten und schlimmsten Sinne des Wortes wahnsinnig gewordener Zeitgeist kommt ohne Schutzengel nicht mehr aus. Wer genau hinschauen will, kann kaum noch bestreiten, dass der Mensch, den Gott geschaffen hat, mehr und mehr seiner Würde beraubt wird und sich der Macht des Menschen beugen muss.

Wenngleich die Dome in unserem Lande noch stehen, das, was sie aussagen wollen, die Verherrlichung Gottes und des von ihm geschaffenen Lebens, es wird mit Füßen getreten. Hier, in dieser Geschichte, ist es ein Schutzengel, der das Ungeborene (und die Mutter!) beschützt. Er spricht dazu lediglich eine Wahrheit aus.

Pater Frumentius kommentierte die Geschichte mit den Worten: »Nur die Wahrheit, das Geschenk Gottes, wird uns frei machen können.«

Engel und Wunder

DIE FRAU,
DIE ÜBERS WASSER GING

Eine Mutter, wie es heißt, mit zwei zu stillenden
Kindern, hilflosen Wesen also im Säuglingsalter,
fuhr mit der Fähre über einen breiten und reißenden
Fluss. Der Name der jungen Frau war Anna, über
den Ort vermeldet die Aufzeichnung nur »bey der
Stadt Aste«.

Dann nahm das Unglück seinen Lauf.

Während der Überfahrt ließ sich das Fährschiff, dessen Richtung von einem festen Führungsseil bestimmt und das von einem dicken Tau zum gegenüberliegenden Ufer hingezogen wurde, plötzlich
nicht mehr in der Weise manövrieren, wie der Fähr-
mann das wollte. Dann riss das Zugseil vollends, das
Wasserfahrzeug stand in sehr unglücklicher Weise
quer zur Strömung, statt sich längs zum Flussver-
lauf zu stellen und die Wassermassen elegant an
sich vorbeizulassen. Daraufhin drückte die wütende
Flut den einen Teil unter Wasser, kein Zweifel: Das
war der Anfang vom Ende.

Die Menschen schrien wild durcheinander, jeder
war sich selbst der Nächste, trotzdem blieben alle
Aktionen sinnlos, denn man konnte nichts Sinn-

volles tun, außer ins Wasser zu springen. Was das jedoch bei dieser Strömung inmitten des Flusses bedeutete, war jedem klar.

Damals gab es weder Rettungsvorrichtungen noch sinnvolle Vorschriften für den Notfall und wenn dem so gewesen wäre, so hätten sie in solch einer Situation wenig geholfen.

Jetzt baute sich vor dem gekenterten Schiff die Strömung auf wie ein Berg, wie ein gefährlicher Wall des Todes. Mit anhaltendem Brausen gischtete die Flut rechts und links an dem sinkenden Kahn vorbei.

Anna hielt ihre beiden Kinder, Benjamin und Ännchen, fest in den Armen, die sie wie Klammern um die kleinen Wesen gelegt hatte. Sie wollte die beiden auf keinen Fall loslassen, was auch geschehen sollte.

»Gott, hilf uns!«

»Schutzengel, hilf!«

Da ihr jetzt nur noch der Sprung ins Wasser blieb – das Schiff würde jeden Moment vollends kentern und die Passagiere unter sich begraben –, trat Anna entschlossen und verzweifelt zugleich dem Wellenberg entgegen. Sie schloss die Augen – und dann geschah das Unfassbare …

Die Chronik meldet: »Der Engel deß Herrn fuehret ein arme Mutter/sambt ihren zwey saeugenden Kinderen (…) ohne Gefahr übers Wasser …«

Das ganze Schiff indes ging, unmittelbar nach Annas verwunderlichem Ausstieg, »zugrund«. Das ist ganz wörtlich zu nehmen. Es sank auf den Grund des Flusses und riss Mann und Maus mit sich in die Tiefe.

Die junge Mutter stand jedoch plötzlich am Ufer und hielt die beiden Säuglinge wohlbehalten in den Armen. Sie blickte mit Entsetzen und Dankbarkeit über den breiten Fluss, auf dem nichts mehr zu sehen war. Nur das Führungsseil der Fähre hing schlapp über den Fluten ...

Dies ist eine klassische Schutzengelgeschichte, in der, aus tiefster Not, nach verzweifelter Anrufung, wundersame Rettung zuteil wird. Es handelt sich um die Verbindung einer Schutzengel- und Wundergeschichte. Doch jedes Eingreifen des wundersamen Retters ist ein Wunder für sich. In diesem Falle zeigt sich der Schutzengel weder körperlich noch wird er als Gedanke manifest, es geschieht einfach etwas: das Richtige. Der Schutzengel geleitet, bewahrt vor dem »Zugrunde-Gehen«.

Wunder sind erklärte Tatsachen, sie bilden die Wirklichkeit nicht ab, sondern schaffen neue Wirklichkeiten, höhere, als sie unsere Ratio begreifen will. Wunder erweitern zugleich das Denken. Alles ist möglich. Für Gott bleibt nichts un-möglich.

Frumentius sagt wörtlich: »Fast alltäglich sind die Fälle, wo Menschen geradezu auf wunderbare Weise bei irgendwelchen Unglücksfällen sehr schwerer Schädigung oder dem Tod entgehen, während beispielsweise das Auto, in dem sie saßen, Totalschaden erlitt ...«

Die Pilgerfahrt nach Jerusalem

Einst machten sich drei fromme Franziskanermönche auf die Pilgerfahrt nach Jerusalem: Anselm, Willibrord, Lambert. Leider fehlen nähere Angaben zu ihrem Kloster, es muss jedoch in der Gegend des heutigen Niederösterreich gelegen haben.

Wir haben die Zeit der Kreuzzüge, jene glaubensverrückte, mystische Epoche des hoch zum Himmel lodernden Strebens nach Gott, aber auch des religiösen Wahns, wie er sich auch in den elektrisierenden Bauten des hohen Mittelalters, den sinnentrückten Domen, Türmen und Fialen der Hochgotik und der hohen Minne zu Gott Ausdruck verlieh. Alles war hoch in jener Zeit, die auch den Begriff »hohe zit« gebar, die Hochzeit nämlich, ursprünglich die mystische Vereinigung mit Gott, Himmel und Kosmos.

Die drei Franziskaner hatten sich viel vorgenommen, viel zuviel. Der Zeitgeist war glaubensstark, aber ebenso grausam: Was für die einen gelebter Dienst an Gott war, das war für die anderen kaltes Kalkül. Man wusste um all die weltfremden Pilgergruppen und Wallfahrtszüge; und Sicherheitsdienste in Gestalt elitärer Tempelritter waren ebenso organisiert wie unzählige Räuberbanden und Verschlepperdienste.

Anselm, Willibrord und Lambert gingen jedoch ihres Weges, träumten von Jerusalem, das sie natürlich als irdisches Abbild des wahren »himmlischen Jerusalem«, eines Sinnzieles vieler Mystiker bis heute, ansahen, sie schlossen sich hie und da Handelsgruppen an oder an ein Kreuzfahrerheer. Sie lebten von Almosen und vor allem von dem, was die Natur hergab, denn diese drei Mönche und Magier verstanden sich meisterhaft auf das Lesen der geheimen Sprache von Pflanzen, Tieren, Jahreszeiten und Wetterbedingungen: Überall fanden sie Kräuter, Blumen, Sträucher und sonstige Nahrung, die zum Überleben Not tat. Trotzdem war die Reise anstrengend, trotzte ihnen fast übermenschliche Kräfte ab. Und die Entsagungen wurden fast unerträglich, die »Drey heilige Mönch/wurden auff einer Pilgerfahrt also abgemattet/daß sie vor lauter Muedigkeit gantz entschlaffen.«

Nun trat der Schutzengel auf den Plan, denn diese Pilgerfahrt nach Jerusalem wäre für die drei Brüder, die zwar ihren Glauben hatten, aber jedweden irdischen Schutzes entbehrten, reiner Wahnsinn gewesen. Der Engel ließ sie einschlafen (entschlaffen) und machte das Wunder der Bilokation wahr: Er versetzte ihre Körper dahin, wo das Ziel der Reise gewesen wäre, nach Jerusalem. Sie sahen nun das Heilige Grab, blickten die Stadt, in der Jesus gewirkt hatte – und sie gewahrten allerdings auch all die Gräuel, die von christlichen Kreuzfahrerheeren angerichtet wurden.

Dann versetzte der Engel des Herrn die drei wieder in ihre Körper zurück und ließ sie aufwachen!

»Mir träumte, ich sei in Jerusalem gewesen«, begann Anselm.

»Ich habe das Gleiche geträumt«, meinte Willibrord.

»Jerusalem! – Das ist kein Zufall! Der Engel, der Schutzengel hat uns in der Nacht dorthin geführt«, rief Lambert aus und rieb sich schlaftrunken die Augen. »Denn ich habe vor dem Einschlafen intensiv zum Schutzengel gebetet.«

»Ich auch.«

»Ich ebenso.«

Da wurde allen dreien klar, was der alte Text folgendermaßen wiedergibt: »Drey heilige Mönch (...) wurden aber von Englen under dem Schlaff biß nach Jerusalem/wohin sie Wallfahrten gereyset/versetzet.«

Oft stehen Wundererzählungen mit Engelsgeschichten und mit Schutzengeln in Verbindung. Ist doch das Auftreten des Schutzengels selbst schon ein Wunder! – Pater Frumentius weist in seinem geheimen Archiv oft auf Pater Pio hin und damit auf die Fähigkeit zur Bilokation. Wichtig wäre genaueres Wissen um den Schlafplatz der drei Mönche (da-

rüber berichtet die Vorlage nichts), denn Wunder, auch Bilokationswunder, hängen oft mit »heiligen Stätten und Orten der Kraft« zusammen. Jerusalem ist ein solcher magischer Raum in höchster Vollendung.

»Er ging hinaus und folgte ihm, wusste aber nicht, ob dies wirklich durch den Engel geschehe; er hielt es vielmehr für ein Traumgesicht.« (Apostelgeschichte 12,6-9)

Die Wunderheilung

Der Knabe Gutbertus, der vor etwa hundertfünfzig Jahren in der Gegend von Trier lebte, litt seit seiner Kindheit an einem lahmen Bein. Er hinkte seinen Spielkameraden immerzu hinterher und diese machten sich auch noch ein Vergnügen daraus, ihm zuzurufen: »Komm doch!«

Wenn er dann mit verzweifelter Anstrengung dorthin zu laufen versuchte, wo sie standen, und wenn die Grausamen das tragisch-groteske Wackeln und Hinken sahen, dann lachten sie über dies willkommene Schauspiel – und wechselten den Platz.

Sie spürten mit teuflischem Instinkt, wie sehr dem körperlich schwer behinderten Zehnjährigen daran gelegen war, zu ihnen dazuzugehören und nicht länger mehr Außenseiter sein zu müssen. Damit quälten sie den Unglücklichen und fühlten sich erhaben.

Jeder Zuschauer dieser Szenen hätte in Tränen ausbrechen können, so Leid konnte Gutbertus einem tun, doch seine Eltern waren da anders.

Der Vater war hart, grausam und selbstgerecht und vielleicht war es sogar ein Schlag mit hartem Holze aus seiner Hand, der den Kleinen verkrüppelt hatte. Die Mutter war so eingeschüchtert, dass ihr das konsequente Schweigen und Kuschen diesem Teufel von Mann gegenüber die einzige Überlebenschance schien.

Susanna, so hieß die Mutter, lebte bei ihrer Schwester, was in ihrer schweren Lage und der dauernden Not glückliche Umstände ermöglicht hatten. Die hart geprüfte Frau hatte einen unerschütterlichen Glauben an Gott! Und sie sah, dass ihr Kind, dem sie fast nichts geben konnte als bedingungslose Liebe, nicht nur körperlich anders war. Susanna gewahrte, dass dieser zierliche Kerl, trotz der schwersten Demütigungen, die er täglich erfuhr, eine sonderbare Gelassenheit behielt.

Und sie betete, betete, betete.

»Gottvater, hilf meinem Kind!«

»Heilige Jungfrau Maria, lass ein Wunder mit ihm geschehen!«

»Schutzengel, pass bitte auf ihn auf!«

Und sie glaubte nicht nur, sie wusste es! Sie wusste einfach, dass da eine gute, liebende, sorgende höhere Macht war, die anders sein musste wie der Vater des Kindes, eine Macht, die nicht beständig forderte, bestrafte, züchtigte, sondern die liebend anwesend war und helfen würde.

Als eines Tages Gutbertus wieder schwer von fremden Kindern gehänselt wurde, als er den vermeintlichen Freunden nachhinkte und den mit groben

Kopfsteinen gepflasterten Marktplatz queren wollte, da stürzte er schwer. Das Gelächter der Kinder vermischte sich in seinem Geist und in seiner Wahrnehmung mit rasendem Schmerz, dann folgte abgrundtiefe Verzweiflung, dies eine Mal schwanden im Innersten der gepeinigten Seele Glaube und Gelassenheit: Er wünschte in dieser Sekunde, er wäre tot!

Doch da!

Strahlend helles, gleißendes Licht!

War das ein Traum? Der Traum zu sterben? Oder war es gar schon der Himmel!

Da ritt ein Engel hoch zu Ross über den Platz, von so erhabener Schönheit, dass Gutbertus trotz der Schmerzen die Augen weit aufriss. Plötzlich gab es keine Schmerzen mehr. Der Engel stieg ab, lächelte und beschenkte ihn mit Zuneigung, Liebe, Hingabe.

»Steh auf«, sagte der Schutzengel und berührte ihn am kaputten Bein, »du hast genug mitgemacht. Dein Schenkel ist geheilt. Du wirst wachsen, größer sein als alle anderen und stärker.«

Er sah Gutbertus jetzt fest in die Augen.

»Vergiss jedoch nie die Zeit deines Leidens, wenn du einmal ein großer und angesehener Mann sein wirst!«

Und weg war der blonde Helfer, samt dem so herrlich geschmückten Ross.

Es dauerte lange, bis Gutbertus begriff, was ihm widerfahren war. Er rappelte sich hoch, nichts tat weh und ein eigenartig-schönes, nie gekanntes Gefühl der Stärke durchpulste seinen Körper.

Doch das war nicht nur ein Gefühl.

Er war geheilt.

Gutbertus wurde Arzt. Er nahm seine Mutter zu sich, verzieh den Peinigern und seinem Vater und half immerzu denen, die es am nötigsten hatten.

Trotz des Ruhmes und der Anerkennung, die er bald genoss, dachte er täglich an die Zeit als gedemütigter Krüppel und verstand die Leidenden und deren stumme Sprache allein schon an den Augen.

Denn das wirkliche Leid, damals wie heute, jammert nicht, sondern erträgt.

Als nach langer und erfüllter Lebensspanne sein Herz aufhörte zu schlagen und er dies wunderbare Da-Sein in die Hand des Schöpfers zurückgab – da erblickte er den Engel wieder.

»Die Materie lebt, um es drastisch zu sagen, vom Geist. Nur dadurch, dass der Geist des Schöpfers in ihr wirksam bleibt, Moment für Moment, nur dadurch wird sie im Sein erhalten«, sagt Pater Frumentius. Deshalb ist es auch nicht verwunderlich, dass Engel als Mittler zwischen Gott und den Menschen in tiefster Not solche Wunderheilungen vollbringen können.

Unterstützung
für den Schutzengel

Pater Wehrmeister lebte im Kloster St. Ottilien und war wie Pater Frumentius wegen seiner paranormalen Fähigkeiten berühmt. Dieser Pater Wehrmeister erfuhr in den zwanziger Jahren von der segensreichen Wirkung, die geweihtes Öl haben kann. Und wer möchte bezweifeln, dass vor allem Segnungen und Sakramentalien mehr als schützend und bewahrend sind für Leib, Leben, Seele und Geist und dass sie die Arbeit des Schutzengels wesentlich erleichtern. Kurz: Er probierte es aus und schon bald stellte sich ein sensationeller Erfolg ein.

In Landsberied bei Fürstenfeldbruck lebte eine Frau, die seit vierzehn Jahren nicht mehr gehen konnte. Nur kriechend war es der Gepeinigten möglich, sich fortzubewegen. Sie hieß Magdalena und verlor, trotz ihres anfangs starken Glaubens, mit der Zeit jeden Lebensmut und -sinn. Leben müssen wie ein Tier! Außerdem lebte sie in armen Verhältnissen und ganz ohne Hilfe.

Ein gläubiger Zeitgenosse besuchte Magdalena und sie klagte ihr Leid und ihre Hoffnungslosigkeit.

»Bete zum Schutzengel, liebe Magdalena!«, war der Rat des fremden Weisen.

Das tat sie. Gleichzeitig kam sie im Kloster mit Pater Wehrmeister zusammen, der ihr, mit einer entsprechenden Segnung, das geweihte Öl mitgab.

Damit bestrich sie die Türpfosten und Fenster ihrer armseligen Wohnung, ebenso das Bettgestell und auch ihre Beine.

Inbrünstig betete sie immer wieder: »Schutzengel hilf ...« Bis sie irgendwann erschöpft in den Schlaf sank.

Als sie am nächsten Morgen aufstand, war das Wunder geschehen, sie stand tatsächlich auf ihren zwei Beinen! Ohne Krücke!

Ihr Leben lang hat sie die Geschichte weitererzählt. Ihr Zustand verschlimmerte sich niemals mehr. Sie blieb geheilt.

»Eine überraschend große Wirkung hat geweihtes Öl auch bei seelischen Leiden und Gebrechen, die ganz oder in der Hauptsache dämonischen Ursprungs sind«, sagt Pater Frumentius. Durch diese Geschichte können wir lernen, dass die Arbeit des himmlischen Boten wesentlich erleichtert werden kann, durch das eigene Mit-Tun. Und was würde sich besser eignen als geweihte Gegenstände, Segnungen und Ähnliches? Denn auch das Auftreten des Schutzengels ist im wahrsten Sinne des Wortes wunder-sam und damit eine Gnadenwirkung. Der Glaube schafft die Voraussetzung.

DIE DOGGE AUS DEM GEBÜSCH

Maria trug nicht nur den Namen der seligen Jungfrau und Gottesmutter, sie lebte auch in diesem Sinne. Damit war sie ihrer Zeit etwas hinterher, denn
die Jahre ihrer Jugend waren in die ach so viel gelob-
ten Sechzigerjahre gefallen, eine Zeit also, da hem-
mungslose Freizügigkeit, Alkohol, Drogen und viele
andere Verlustigungen nahezu zum guten Ton ge-
hörten.

Bei Maria war ihr Lebenswandel kein Wunder, denn
die Umgebung strahlte stark auf sie aus: Die Frau
wurde in der Nähe von Altötting, einem weltbe-
rühmten Marien-Wallfahrtsort in Bayern, geboren,
wuchs dort auf und ging im benachbarten Neuötting
zur Schule. Sie wurde von den anderen stets be-
lächelt, doch das störte sie nicht weiter, denn Maria
weihte ihr Leben Gott und das verlieh ihr Stärke.
Als sie um die dreißig war, sah sie ihre Altersgenos-
sinnen, wie ein treffender Modeausdruck unserer Gegenwart dies recht schonungslos bezeichnet, »abstür-
zen«. Zerstörte Partnerschaft, Scheidung, Bruch mit
heiligen Sakramenten, Zerstörung von ungebore-
nem Leben.

Im Jahre 1966 hatte Maria ein ganz besonderes Schutzengelerlebnis.

Es war einer jener unendlich heißen Tage im August, an denen die Luft zu stehen scheint, an denen man glaubt, den eigenen Sinnen nicht mehr trauen zu können – und zu dürfen. Ab einem gewissen Grad von Hitze vermischen sich die Bilder, wie sie überhitzt in den Geist dringen, es entsteht jenes Flimmern, das der Täuschung Tür und Tor öffnet.

Maria ging auf dem Waldweg in Richtung Maria Thann. Dort würde sie nach einigen hundert Metern ein Waldkapellchen erreichen, in dem sie vorhatte zu beten.

Aber da!

Plötzlich stand ein Mann vor ihr, von dem sie einfach nicht hätte sagen können, woher er gekommen war. Der stand einfach da. Dieses Da-Stehen hatte aber etwas so eindeutig Bedrohliches, seine Augen waren derart grün vor scheelem Hass, dass Maria den Rosenkranz in ihrer Hand umkrampfte. Zehn Minuten noch bis zur Kapelle!

Kein Mensch weit und breit, nur dichter Wald. Hier hatte es gar keinen Sinn zu schreien. Der Mann trat nun entschlossen auf sie zu. Die Art der Annäherung war unzweifelhaft lebensbedrohlich.

Gott!

Heiliger Schutzengel! Hilf mir!

Da sprang eine gelb rötliche Dogge aus dem Gebüsch neben dem Weg, war wie ein Pfeil an Maria vorbei und biss sich in dem Mann fest. Der brüllte vor Schmerz und Angst. Dann gelang es ihm doch noch freizukommen und er rannte um sein Leben. Der Dogge wäre es ein Leichtes gewesen, ihn einzuholen. Es schien jedoch so, als wolle das Tier den Unhold lediglich ein für alle Mal vertreiben.

Bald war von beiden nichts mehr zu sehen. Nur das durch Mark und Bein gehende Gebell des entfesselten Riesenhundes war zu hören.

Dann kehrte die Dogge um und trottete friedlich auf Maria zu, rieb den Kopf an ihr und lief etwa vierzig Meter neben ihr – bis hin zur Kapelle.

Maria betrat das kleine Gotteshaus – und dankte! Sie dankte für die wundersame Rettung und für dies eindeutige Zeichen vom Himmel.

Wie wir immer wieder sehen: Dem Schutzengel ist jedes Mittel recht, um dem Gläubigen als Gottesstreiter zur Seite zu stehen.

Der Engel in Tiergestalt ist für den Kenner religiöser Symbolik umso verwunderlicher, denn das Tier, vor allem auch der Hund, sind oftmals ein teuflisches Motiv, vor allem in der Literatur und in der Sage. Man denke nur an Faust oder die Bedeutung des Auftretens eines Wolfs.

DER ENGEL MIT WEISSER KÜCHENSCHÜRZE

Dereinst lebte ein frommer Franziskanermönch, V. Benevenutus mit Namen. Der vergaß niemals seine täglichen Gebetsverrichtungen, grüßte artig Gottvater, den Sohn, den Heiligen Geist – und auch den Schutzengel vergaß er nicht. Wen wundert es, dass der fromme Beter bei der himmlischen Obrigkeit gut angeschrieben war! Vielleicht ist es denn doch so, dass Gott sich über aufrichtige Gebete, die zu ihm emporkommen, mehr freut, als wir Erdlinge vermuten dürfen?

Nun hat ein Franziskaner, so wie jeder Mensch, auch irdische Pflichten und Benevenutus oblag in seinem Heimatkloster der Küchendienst. Diesmal gab es Verschiebungen im Dienstplan, denn der Abt hatte einen wichtigen Gast aus dem Ausland geladen.

Benevenutus, einer der Köche im Kloster, musste genau zu der Zeit in der Küche bereit sein und den Ablauf der Gänge beobachten, zudem oblag ihm die Sauberkeit der Küchengegenstände – dies alles, als die Zeit seiner persönlichen Gebete war.

Das grämte ihn. Doch wem hätte er es sagen sollen!

Als er dann einsam in einem dunklen Eck der großen Küche stand und Schwarzgeschirr putzte, da gesellte sich der Schutzengel an seine Seite. Der war sonderbar anzusehen, trug er doch eine weiße Küchenschürze!

»Bete nur, treuer Benevenutus«, raunte der Engel dem Mönch zu, »ich mach' das schon für dich!«

»Aber …«

»Kein Aber!«, sagte der Schutzengel liebevoll-streng und zupfte die Schürze zurecht.

Und schon hatte er eine Kratzbürste in der Hand und schrubbte eine große, schwere, rußige Pfanne sauber.

Einfach himmlisch.

Wenn wir mit dem Schutzengel auf gutem Fuß stehen, behandelt er uns wie einen guten Freund. Und manch einem wird sogar bei der Verrichtung täglicher Aufgaben ein Dienst erwiesen. Im Originaltext steht: »V. Benevenutus de Eugubio, ein Franciscaner wartet dem Gebett ab/und an seiner Stell verrichten die Engel alle anderen schmotzige Arbeit in seiner Kuchen.«

»Er, vor dem ich einhergegangen bin, wird seinen Boten mit dir senden, er wird deinen Weg gleichen lassen.« (Genesis 24,40)

Der Schutzengel
als Zufall

Ein Mädchen wird
Vermisst

Eine achtundvierzigjährige Lehrerin an der Grund-
und Hauptschule, Gabriele Münsinger, suchte in
Schwabing, einem für Lebensart bekannten Stadtteil
im Norden Münchens, die nächstgelegene Polizeiinspektion auf, um den Diebstahl ihrer Geldbörse
anzuzeigen.
Wie ärgerlich aber auch!
Erst gestern hatte sie drei Hundertmarkscheine
abgehoben, falls sie in einer der in Schwabing so
zahlreichen Boutiquen etwas Schönes zum Anzie-
hen sähe ... Schließlich stand das Frühjahr vor der
Tür.
Diese dreihundert Mark machten mit dem verblie-
benen Geld ... o weh: etwa sechshundert Mark! Das
war ärgerlich, ja schmerzlich. Und sie wusste genau,
dass sie die Geldbörse bestimmt nicht verloren hatte oder verlegt.
Als sie im Revier stand und warten musste, da
konnte sie gar nicht anders, als ein Gespräch mit an-
zuhören, das die Dienst tuende Beamtin am Telefon
mit einer verzweifelten Mutter führte, die ihre acht-
jährige Tochter vermisste.

Denn das Kind war seit vielen, vielen Stunden schon verschwunden. Die Lehrerin konnte nun mithören, dass das Kind als zuverlässig galt, konnte genau Größe, Haar- und Augenfarbe sowie Art der Kleidung erfahren: Die Polizistin wiederholte genau die Beschreibung für mehrere Kollegen, die nun eine Fahndung einleiteten.

Eigenartig: Dieses beschriebene Kind, es hieß Anna, stand bildlich vor den Augen der mithörenden Lehrerin. Schlank, fröhlich-frech, vielleicht gar pfiffig, mit blondem Haar und einem blauen Kleid mit weißem Kragen.

Die Kleine bewegte sich vor dem geistigen Auge der Lehrerin, redete, lachte, sah sie an.

Nachdem die Formalitäten auf dem Revier erledigt waren, machte sich Gabriele Münsinger auf den Nachhauseweg.

Sie erreichte den Bonner Platz.

Und da stand Anna.

Sie sah exakt so aus, wie die Beschreibung geklungen hatte. Und war sehr, sehr traurig.

Da sprach die erfahrene Lehrerin das Mädchen an: »Suchst du …«

Bereits in diesem Augenblick begann Anna zu weinen. Sie schluchzte, ward geschüttelt von Weinkrämpfen und brachte kein Wort hervor.

Gabriele Münsinger merkte, dass das Mädchen zu keiner Auskunft fähig war, so verzweifelt war dieses zarte Wesen.

Später erfuhr Frau Münsinger: Die Mutter hatte kurz vor dem Sich-Verlieren etwas Böses gesagt, das Kind war kurz weggelaufen, einfach so ums Eck, und dann hatte eine unglückliche Verkettung von Umständen ihren Lauf genommen.

Nun hatte sich das Blatt jedoch gewendet und zu einem schicksalhaften Zusammentreffen geführt.

Also sagte die Lehrerin fest: »Ich weiß, du bist die Anna und du suchst deine Mutter!«

»M-hm«, machte Anna nur.

Gabriele Münsinger nahm Anna an der Hand, geleitete sie zur Polizeiinspektion.

Eine Tageszeitung, die auch über diesen Vorfall berichtete, schloss ihren Bericht so:

»Dort traf sie gleichzeitig mit den Polizisten ein, die soeben von der erfolglosen Fahndung berichten wollten.«

Gerade die (vordergründige) Banalität dieser wahren Geschichte und des (scheinbar) trivialen Zufalles, der natürlich kein Zufall ist und gar keiner sein kann, zeigt:

Gott ist der Schöpfer der Welten, der Schöpfer sogar des richtigen Augenblicks, des sichtbaren und unsichtbaren Kosmos, des Kosmos der Geister und der Engelswelt. Und diese Geister sind es, die Menschen zusammenfinden oder sich verlieren lassen.

Diese Geisterwelt – in dem Falle die Welt positiver Schutzgeister – ließ die Gedanken der Lehrerin bei dem Kind ruhen, ja, ließ vielleicht sogar die Geldbörse der Lehrerin verschwinden, um die nachfolgende Kausalität zu schaffen.

»Meine Bergung, meine Bastei, mein Gott, an dem ich mich sichre. Er ist's ja, der dich rettet, vor dem Sprenkel des Voglers, vor der Pest des Verhängnisses.« (Psalm 91)

Ein Spötter
findet zum Glauben

»Glauben heißt nicht wissen! Bleibt mir mit eurem süßlichen Kirchen-Getue vom Leibe.« Solche und ähnliche Sätze waren täglich von einem gebilde-ten Herrn zu hören, Karl Anschütz, der ganz im Geiste der Aufklärung erzogen war. Die von ihm am allerhöchsten geschätzte Intelligenz verlangte es, forderte es geradezu, sich über Glaubensinhalte frech zu erheben. Oder sich mit viel Ironie lustig zu machen.

»Beweisbar!«, so lautete seine Forderung oder aber: »Wissenschaftlich.« Klar, die Wissenschaft hielt er hoch und er merkte nicht, dass sich hinter diesem Tarnbegriff oft weitaus kühnere Glaubensdoktrinen verbergen, als die katholische Kirche sie jemals her-vorbringen könnte.

Der Glaube an Schutzengel war Karl Anschütz im-mer schon ein besonderer Dorn im Auge: »Haben Sie ihn gesehen, äh? Haben Sie ihn gehört, seine Flü-gel schlagen sehen? Ist er blond? Wie hoch kann er fliegen, ohne dass ihm schlecht wird?«

Da war ihm der rauschende Applaus der Stamm-tische und der Intellektuellen sicher.

Dann passierte das Unglaubliche. Und als er während eines Urlaubes in Tirol den legendären Pfarrer Weigel traf, da hörte sich seine Rede ganz anders an: »Ja, es gibt Schutzengel. Ich selbst habe einen, sonst stünde ich nicht hier.«

»Sie?«, gab der fromme Kirchenmann zurück, der die Einstellung des Agnostikers kannte.

Darauf bekam der Pfarrer die folgende Geschichte zu hören: »Ich hatte mich ins Gebirge Tirols begeben, war durchaus gut ausgerüstet und nützte den herrlichen, sonnigen Tag, um seltene Pflanzen zu sehen oder gegebenenfalls zu sammeln. Ohne an diesem Tag einen genauen Aufstiegsplan zu haben, ging ich der Nase nach immer aufwärts, in den Himmel hinein (an den ich nicht glaubte), fühlte mich gehoben und hatte auch die Intuition: Hier findest du was! Vorsichtig Steine abklopfend, hatte ich mich an den äußersten Rand eines steil und jäh abfallenden Felsens begeben.

Wie hätte ich sehen können, dass ich bereits auf einem Überhang stand? Ich vermutete besondere Pflanzen am Ende der Graskuppe – da geriet jedoch plötzlich die dünne Erdschicht in Bewegung. Alles war wie ein Traum, den man beenden will und nicht kann. Und da war auch schon der Absturz. Eh ich mich's versah, befand ich mich im Nirgendwo, im freien Fall. Oben und unten vermählten sich – hinterher stellte man fest, dass ich an mehreren Felsvorsprüngen angeschlagen war.

Vor der ganz großen Tiefe, die sich nach den vorstehenden Felsen auftat, bohrte sich ein Baumstumpf in meinen Anorak. Ich hing nun zwischen Himmel und Erde.

War dies schon das erste Wunder, dass mein Fallen gebremst war, so hielt nun der Stoff des Kleidungsstückes das ganze Gewicht. Die Frage war nur, wie lange? Mir ward übel bei dem Gedanken, da ich die ungeheure Spannung spüren konnte. Ich hing wirklich frei an meinem aufgespießten Anorak und auch ob der abgebrochene Baum halten würde, wusste ich nicht.

Angst hatte ich, Todesangst. Ich baumelte da vielleicht eine halbe Stunde, mir wurde schwarz vor Augen, in den Ohren hörte ich Paukenschläge, dann die Trompeten von Jericho. Nach unten wagte ich nicht zu sehen. Ich war verloren.

Mein Leben raste an mir vorüber, wie scharf geschliffene, schroffe, bösartige Felsvorsprünge sah ich meine Fehler aufragen, ich wollte Gott suchen, da fiel mir mein Unglaube ein, wie ein gähnender Abgrund eines erloschenen Vulkans – ich stürzte ab ins Bodenlose.

Es war jedoch nur der seelische Absturz, unermesslich lange und tief hinab, wirklich bis hinein in den Tiefpunkt, als ich unten aufschlug, begann ich zu beten: ›Herr, mein Gott, hilf, auch wenn ich nie an dich geglaubt habe.‹

Und dann: ›Vergib mir, Herr.‹

Ich weiß heute noch, wie schmerzlich ich mich nach Vergebung sehnte angesichts des bevorstehenden Todes.

Dann fiel mir mein lebenslanger Spott auf den Schutzengel ein und ich schrie (sofern ich noch schreien konnte): ›Hilf!‹

Ich hörte nicht auf zu beten. Und wurde dabei ruhiger. Ich hatte das feste Gefühl, dass eine Hand auf meiner Stirn ruhte, dass mich jemand festhielt und das Körpergewicht verringerte, dass mein Anorak an dem Stumpf der Kienholzkiefer festgehalten wurde.

Ich spürte ganz genau ein unsichtbares Wesen um mich herum.

Da wagte ich nach unten zu sehen. Ich schwebte frei über einem senkrechten Abhang, weit unter mir der Wanderweg, ich sah, dass der Wirt und sein Sohn zu mir eilten. Beide sind treffliche Bergsteiger.

Bald waren noch mehr Retter da, ich hörte sie über mir schreien, man ließ Seile zu mir herab, die ich, den Anweisungen folgend, mit unendlicher Mühe, aber Gottvertrauen um mich legte. Als alles fest saß, wurde ich, Ruck für Ruck, nach oben gezogen.

Und dann: Fester Boden unter den Füßen!

›Unsere kleine Tochter hat sie gesehen‹, sagte der Wirt, ›aber wir haben gesagt, das geht nicht, denn der Fels ist auf der anderen Seite vom Haus! Das Kind spinnt, die kann den nicht gesehen haben!‹

Da fing sie an zu weinen, die kleine Marie, und schluchzte: ›Ihr müsst hin. Ihr müsst dem Mann helfen, der immer Blumen sucht!‹
Ich weiß heute sicher: Ohne Schutzengel gäbe es mich nicht mehr.«

Ein Agnostiker findet zum Glauben, wenngleich der Weg ungewöhnlich ist. Für Gott ist es nie zu spät und selbst »in letzter Sekunde« ist Umkehr möglich.
Der Engel: Eine Vision des kleinen Mädchens, also ein Schutzgeist!
»Einen zweiten Ring von Engeln bilden im Heil- und Erlösungswerk die eingesetzten Geister, angefangen von den Schutzengeln der Menschen«, schreibt dazu Pater Frumentius.

DIE LEHRERIN,
DIE ZU SPÄT KAM

Die folgende Geschichte ist aus Bern in der Schweiz
überliefert. Fräulein Rosalie Mettenthaler leitete die
vierte Klasse einer Volksschule. Die noch jugendli-
che Frau war außerordentlich pünktlich und zuverlässig, nahezu akribisch.

Eines gab es bei ihr bestimmt niemals: zu spät zu
einer Pflicht zu erscheinen, und Lehrdienst war
Pflichterfüllung für sie, was allerdings nicht heißen
soll, der Schuldienst hätte ihr keine Freude bereitet.
Ganz im Gegenteil. Sie hatte ihr ganzes Leben der
Schule »geweiht«.

An diesem Vormittag schien ihr alles länger zu dau-
ern als sonst: Rosalie hatte ausgiebigst gefrühstückt,
alles sehr gesund, die Junglehrerin achtete mehr auf
ihre Gesundheit und auf ihr Leistungsvermögen,
denn auf Genuss und vordergründiges Vergnügen.
Nein, ein Genussmensch in dem Sinne war sie keinesfalls. Vielleicht bereitete ihr die pedantische Ein-
teilung des Arbeitstages, das penible Abfragen der
Hausaufgaben Genuss, vielleicht.

Dann hatte sie noch im Haushalt Dinge erledigt, die
erledigt sein wollten, aber immer noch blieben ge-

schlagene zwanzig Minuten bis halb acht. Das nämlich war jener Zeitpunkt, der sie täglich aus dem Hause trieb, sodass sie dann pünktlich um Viertel vor acht Uhr im Schulgebäude erschien. Den Weg legte sie bei jedem Wetter zu Fuß zurück.

Als sie sich die Frage stellte, woher denn die viele verbliebene Zeit komme, da schlug die nahe Kirchturmuhr acht Mal.

Acht Uhr!

Rosalie blieb beinahe das Herz stehen.

Jetzt sah sie auf ihre Küchenuhr. Immer noch zwanzig Minuten vor acht. Eindeutig: Die Uhr war stehen geblieben. Das Ticken hatte längst aufgehört. Warum war ihr dies nicht aufgefallen? O Gott! Zu spät zur Schule. Sie, die immer so pünktlich war. Sie stürzte aus dem Haus. So etwas wie heitere Gelassenheit angesichts der neuen Situation kannte sie nicht. Niemals hätte sie sich über sich selbst lustig machen können. Warum nicht einmal im Leben verspätet, liebe Rosalie?

Da erreichte sie die Schule. Würde ihre vierte Klasse ruhig vor der Türe stehen? Hatte ihnen ein Kollege aufgesperrt?

Da stürzten die Schüler ihr entgegen. Rosalie sah Feuerwehrautos, Kranwägen, Polizei.

Die Decke war eingestürzt. Trümmer, Rauch, Staub, auch jetzt noch. Kurz nach acht Uhr hätte das ganze Haus gezittert, sagten Kollegen. Wie durch ein Wunder sei jedoch die gesamte Klasse vor der Türe gestanden …

Die Geschichte zeigt den Schutzengel in seiner klassischen Rolle: schützen und retten. Und, wie immer, einfallsreich und kreativ. Denn wie bringt man eine so akribische Person wie diese Junglehrerin dazu, zu spät zu kommen? Man konnte nur die Uhr anhalten. Der Schutzengel kennt eben seine Pappenheimer. Und hat Humor, auch wenn's ernst zugeht im Leben.

»Wen soll ich senden,
wer wird für uns gehn?
Ich sprach:
Da bin ich,
sende mich!«
(Jesaja 6,8)

DER BESUCH,
DER ALLES VERÄNDERTE

Dem Ehepaar Christiane und Christian Pachs war eine zauberhafte Tochter geschenkt worden, als diese drei Jahre alt war, kam ein Sohn hinzu, stattlich und ebenso gesund und lebensfroh wie seine Schwester.

Als Klara dreizehn und Sohn Karl zehn Jahre alt waren, da funktionierte die Ehe der Eltern nicht mehr.

Statt auf das zu schauen, was sie miteinander verband und was ihnen geschenkt worden war, sahen die Ehepartner nur das, was sie nicht hatten, was ihnen jedoch in dieser konsumwahnsinnigen Welt wichtig schien. Sie klebten mehr und mehr an der Materie, vergaßen das Eigentliche und strebten beide die Scheidung an! Das zauberhafte Häuschen in der Nähe von Köln sollte verkauft werden! – Was für ein Schock für die Kinder.

Der stille und sichtbar hochintelligente Sohn Karl und die ihn wie eine zweite Mutter betreuende Klara verstanden die Welt nicht mehr.

Papa war doch so lieb. Mama war doch so lieb! Warum sagten die beiden so häßliche Sachen zueinander? Wie sollen Kinder den Wahnsinn Erwachsener verstehen? Wie sollen sie in ihrer Welt, die letztlich immer eine Welt der Geborgenheit sein will, einsehen und verstehen, was da vor sich geht? Sie begannen zu leiden, das Mädchen sichtlich, der Bub im Stillen.

Und die Eltern zankten sich weiter, die Anlässe wurden immer nichtiger, der Streit immer bösartiger. Der Junge begann, in seinen schulischen Leistungen nachzulassen, das Mädchen wurde zusehends dünn.

Dann wollte sie gar nichts mehr essen.

Schließlich zog die Frau aus und reichte die Scheidung ein.

»Geh doch!«, sagte der Mann.

Karl, der Zehnjährige, fraß alles still in sich hinein.

Bei wem er bleiben wolle, fragten die Eltern ihn.

Was für eine blödsinnige Frage! Natürlich bei beiden Eltern.

Doch Klara, die zu ihrer schnellen Auffassungsfähigkeit auch eine bestimmte Sehergabe mitbekommen hatte und dazu noch einen unbedingten Willen, sie dachte nicht daran, diese katastrophale Situation hinzunehmen.

Klara verbrachte einige Tage bei der Oma. Neben gut gesetzten, tröstenden Worten bekam sie von der weisen alten Dame auch eine geweihte Benediktus-Medaille um den Hals gehängt.

Die kluge Frau wusste genau, was sie tat. »Geh zu der kleinen Marienkapelle am Waldrand und trage dein Anliegen vor. Der liebe Gott und der Schutzengel, sie werden dich verstehen. Mehr kann ich jetzt nicht für dich tun.«

»Mach ich«, sagte Klara und sie fühlte sich allein schon durch die Worte der Großmutter besser. Und als sie von der Marienkapelle zurückkam, war ihr seit langem wieder leicht ums Herz.

Am selben Abend waren die Kinder wieder zu Hause bei ihren Eltern. Die Stimmung war angespannt, man versuchte dennoch so etwas wie ein Gespräch.

»Ihr müsst das einsehen«, begann die Mutter das hohle Argumentieren.

O Gott! Was gab es da einzusehen! Nichts. Die Eltern hätten ihren Frevel einsehen müssen.

Unvermutet läutete es an der Tür. Es war ein fremder Herr, blond und groß, jedoch von so einnehmender Art, dass er den Weg ins Wohnzimmer fand und gerne akzeptiert wurde. Worüber wollte er reden? Versicherung? Anschluss fürs Kabelfernsehen?

Das konnte hinterher keiner mehr sagen.

Er spürte die Stimmung und sprach unvermutet über Ehe, Scheidung, Kinder. Wollte er irgendein Geschäft machen?

»Es gibt immer einen Weg«, sagte er dann und blickte den Eheleuten so fest in die Augen, dass diese keinen Ton hervorbrachten. Dann setzte er nach: »Was Gott verbunden hat, das darf der Mensch nicht trennen.«

Klara sah ihn heller als all die anderen. Nur sie konnte den Lichtschein sehen, der ihn umflorte.

Ihre Sehergabe verriet ihr längst, dass hier Ungeheures vor sich ging. »Der liebe Gott und der Schutzengel, sie werden dir helfen …«

»Die Ehe ist ein Sakrament und als solches unauflöslich«, sagte der junge Mann noch und war weg.

Hatte er den Weg durch die Tür gewählt? Oder war er anderweitig verschwunden? Keiner konnte es sagen, hinterher.

Nach vielen Gesprächen, Versuchen, auch mit Schmerzen … die Eltern blieben beisammen. Die Ehe läuft, auf anderer Basis als zuvor, doch es gibt ein Auskommen ohne Streit. Denn der junge Mann, der damals im Wohnzimmer saß, der hatte irgendwie eine hypnotische Wirkung auf beide Elternteile. Klara weiß es besser. Nur sagt sie nichts. Der Schutzengel in Menschengestalt!

Die Geschichte zeigt in erster Linie die unbedingte Kraft des Glaubens. Dieser wird durch die positive Wirkung von Sakramentalien umso stärker, hier durch die Benediktus-Medaille. Der hellsichtige Pater Frumentius weist in seinem Archiv eindringlich auf die Gefahr der Verwässerung von Sakramenten hin. Und die Ehe ist ein Sakrament! So tritt hier der Schutzengel, der in Menschengestalt erscheint, nicht nur als Retter einer Ehe und damit als Retter der Geborgenheit zweier Kinder auf, sondern auch als Fürsprecher für das göttliche Sakrament. Ein sehr katholischer Schutzengel also.

Engel
beeinflussen den Geist

Der Mahner in Gedanken

Die folgende Geschichte ist uns von einer feinen und adeligen Dame überliefert, Roswitha von Massenbach, die im Zweiten Weltkrieg als Rotkreuzschwester Dienst tat. Natürlich erlebte die junge Frau viel Entsetzliches in dieser Zeit ... aber eben auch auffallend viel Positives. Vor allem an merkwürdige »innere Mahnungen« erinnert sie sich gern, an Einflüsterungen, die sie befolgte und damit gar oft Patienten das Leben rettete oder diese aus schwerer innerer Seelennot befreien konnte.

Roswitha beginnt ihre Erzählung »Es war in Salzburg in einem Lazarett ...«

Dort hatte sie unter anderem einen schwer verwundeten Oberleutnant zur Pflege anvertraut bekommen. Im Nahkampf mit den Russen waren ihm mehrere Rippen eingedrückt worden; er litt unter schwersten Asthmaanfällen, die immer und immer wiederkehrten. So kämpfte er täglich mehrfach gegen das Ersticken, seine Not, seine Schmerzen, seine Verzweiflung steigerten sich dann in beängstigendem Crescendo, wenn er nicht schnellstmöglich eine Spritze bekam, die seine Schrecken linderte.

»Mir ward von den Ärzten aufgetragen, ihm jeden Tag so eine Spritze zu verabreichen, am besten abends. Jedoch beobachtete ich genau, dass die unglaublichen Schmerzen und der tägliche Kampf mit dem Ersticken den Lebenswillen des jungen Mannes längst dahingerafft hatten.

Er hieß Hans und nahm in eigenartiger Weise Besitz von meiner Aufmerksamkeit. Es war nicht mit anzusehen, wie aus einem so kräftigen Mann das Leben, vor allem der Wille weiterzuleben wie von einem gierigen Vampir langsam ausgesaugt wurde!

Eines Abends hatte ich Hans wieder die Spritze verabreicht. Todmüde lag ich im Bett. Ich fühlte, wie der Schlaf über mich kommen wollte, erlebte jene angenehme Trance-Befindlichkeit kurz vor dem Einschlafen.

Doch da!

Plötzlich eine Eingebung wie eine Stimme:

›Was ist, wenn dieser leidende junge Mann einen Revolver bei sich hat! Wenn er die Möglichkeit sieht, sich selbst zu töten! In diesem verzweifelten Zustand, in dem er sich befindet ...?‹

Allein, ich wollte weiterschlafen. Undenkbar.

Wieder war es die Eingebung, die diesmal wie eine reale Stimme klang.

›Komm, geh und schau!‹

Was blieb mir anderes übrig. Ich erhob mich aus dem Bett, streifte hastig einen Mantel um die Schultern und suchte das Licht.

›Geh, schnell!‹

Ich begab mich rasch und so leise wie möglich in jenes Krankenzimmer, in dem Hans lag. Er schlief fest, Gott sei Dank. Ich hatte wieder die Eingebung und bückte mich unter das Bett des todkranken Soldaten. Da lag ein abgewetzter Koffer mit all seinen Habseligkeiten. Ich ließ die beiden Verschlüsse aufschnappen … Ein Höllenlärm in der Stille. Das Herz blieb mir fast stehen.

Doch nichts passierte. Hans schlief weiter, so wie alle anderen in der Krankenstation auch.

Es war, als würde ich geführt werden. Ohne Licht, ohne irgendetwas zu sehen, tastete ich mich durch die wenigen Habseligkeiten des Verwundeten. Da! Etwas Hartes, Metallenes, Schweres.

Kein Zweifel. Ein Revolver. Nun zitterte ich vor Angst und heller Aufregung. Denn eine Schusswaffe hatte ich noch nie in der Hand gehalten!

Dennoch nahm ich die schwere Waffe an mich und versteckte sie in meinem Zimmer.

Ruhig schlief ich daraufhin ein.

Am nächsten Morgen begab ich mich zu Hans und tat so wie immer. Nichts Besonderes …

Er sah mir jedoch fest in die Augen und sagte sehr direkt, aber nicht tadelnd: ›Schwester, haben Sie meinen Revolver?‹

Wie konnte er ahnen?

Doch bevor ich zu fragen begann, erzählte er mir: Er sei mitten in der Nacht aufgewacht – oder war es am frühen Morgen? Das wisse er nicht mehr. Dann seien die Schmerzen so unerträglich gewesen, dass er definitiv beschlossen hätte, dem allem ein Ende zu bereiten. Nur, wo war der Revolver? Er dachte bei dieser Frage sofort an mich – und auch die Schmerzen hätten daraufhin etwas nachgelassen!

Daraufhin erzählte ich ihm alles genau so, wie es sich zugetragen hatte. Ich berichtete von meiner inneren Unruhe, von dem Zwang aufzustehen und unter seinem Bett zu suchen.

Er sah mich an mit einem Blick aus Liebe und Dankbarkeit.

›Der Schutzengel‹, sagte ich nur.«

Hier tritt der Engel auf als Gedankenkraft, als stiller und lautloser Bote, als Intuition. Engel sind Geistwesen, geistige Mächte. Ein Leichtes also, den Geist zu beeinflussen. Für ein reines Wesen mit gutem Willen wie Schwester Roswitha kann die »geistige Besetzung« dann nur eine gute Intuition sein: Hier Leben zu retten, vor dem Suizid zu bewahren.

Viele Selbstmörder könnten noch leben, wenn der Kontakt »zum Engel« besser gepflegt worden wäre. Denn die Eingebung der Selbsttötung in einem schwachen Moment ist eine zerstörerische Denkkraft.

Auf die Frage, ob es eine Möglichkeit des Schutzes gibt, antwortet Pater Frumentius: »Ja, diese Möglichkeit ist gegeben, aber einzig von der Verbindung mit Gott her. Ohne diese ist der Mensch wehrlos.«

DIE HELFER IM TRAUM

Im Krankenhaus von Würzburg lebte die Ordensschwester Hildegardis. Die träumte eines Nachts vom Papst, allerdings nicht vom gegenwärtigen, sondern von Pius X.

Nun dachte sie lange, es müsse sich um eine Halluzination handeln. Wer träumt von einem längst verstorbenen Papst?

Doch es folgte ein zweiter und ein dritter Traum: »Sie sollen noch viele Leute gesund machen!«, so ward ihr geheißen. Der Papst, längst eine Figur der Geschichte, sprach zu ihr wie ein verständiger Vater.

Und das war nicht das letzte Mal, dass er ihr persönlich im Traum erschien. Ein weiteres Mal zeigte sich ihr der Stellvertreter Gottes auf Erden. Er gab ihr nun genaue und kundige Hinweise über Heilpflanzen und Medikamente und beschenkte sie mit gezielten Anleitungen zu deren Gebrauch ... Und sie fand wie durch Fügung die Apotheke »Zum Goldenen Stern« in Nürnberg und wusste, was ihr Lebenswerk sei: Heilen und ihr enormes Kräuterwissen nutzen und bewusst einsetzen.

Im selben Zusammenhang erzählte mir Pater Frumentius eine andere Geschichte zum Thema Heilung.

Die Ärztin Renate Geist sei als Kind schwächlich und kränkelnd gewesen. Mit sieben Jahren zog sie sich eine böse Lungenentzündung zu.

Auch sie wurde in ihrem späteren Leben von besonderen Träumen heimgesucht. Längst war sie als Ärztin zu Ansehen gekommen, nicht nur ihres enormen Fachwissens wegen, sondern auch, weil sie über die ganz gewisse Gabe des Heilens verfügte. Mit ihren hochgesteckten rotblonden Haaren war sie eine wundersame Erscheinung, schön und von einer wohltuenden ärztlichen Autorität.

Trotzdem quälten Träume sie. Was hatte das alles zu bedeuten?

Im Traum stand ein Mann vor ihr.

Sie war so verunsichert, dass sie sich an Pater Frumentius wandte. Und der wusste, wer dieser Mann war: Pater Pio.

Von Pio ist bekannt, dass er, der mit den Zeichen der Stigmatisation (Wundmale Christi) versehen war, das Wunder der Bilokation (an zwei Orten gleichzeitig sein) beherrschte. Er ist nicht nur der Ärztin erschienen. Frumentius weiß viele solcher Vorkommnisse. In den oben erzählten Geschichten ist die Erscheinung des Heiligen oder des Papstes eine der Möglichkeiten, die der Schutzengel wählt, um sich kundzutun und den Menschen ihre Lebensaufgabe zu zeigen oder sie auf ihrem Weg zu bestätigen. Bei Menschen in helfenden Berufen ist diese Erscheinungsform der Geistwesen besonders häufig. C. G. Jung, der große Tiefenpsychologe, schrieb: »In jedem von uns ist auch ein anderer, den wir nicht kennen. Er spricht zu uns durch den Traum und teilt uns mit, wie anders er uns sieht, als wir ihn sehen.«

Das Gebet sprengt Raum und Zeit

In Aschaffenburg lebte ein Lehrerehepaar. Die beiden hatten einen kleinen Sohn, Martin. Da beide Eheleute zur Schule gingen, um ihren Beruf auszuüben, ließen sie den Fünfjährigen oft in der Obhut der Oma.

Eines Tages war das Kind sehr, sehr krank. Ein schlimmes Fieber! Zunächst mühten beide sich um die Wiederherstellung von Martins Gesundheit, der Tag senkte sich dem Abend zu, dann kam die Nacht und schließlich ging es auf Mitternacht zu.

Da sagte der Mann zu seiner Frau: »Am besten, du schläfst bei unserem Kind und ich halte die Nachtwache im Nebenzimmer. Also, gute Nacht.«

Der Vater von Martin zog sich also in sein Zimmer zurück, jedoch an ein Zur-Ruhe-Kommen war überhaupt nicht zu denken! Viel zu sehr quälte ihn die Sorge um den kleinen Sohn.

Da fiel ihm plötzlich ein, was er früher einmal in Pater-Pio-Büchern gelesen hatte: Man könne den heiligen Schutzengel zu einem kranken Wesen hinschicken und um Hilfe bitten!

Genau das tat er denn auch. Er fing an zu beten und schickte den Schutzengel des Kindes zu Pater Pio,

der damals noch lebte (das genaue Datum dieser Geschichte ist leider nicht übermittelt). Es war eine
Minute vor ein Uhr nachts. Darüber schlief er ein.
Genau um drei Uhr wachte er wieder auf und ging
vorsichtig in das Krankenzimmer zu der Frau und
dem Kind. Martin schlief friedlich, man sah ihm sofort an, dass das Fieber vorbei war. Die Frau weinte
vor Glück: »Weißt du, was ich getan habe?«, fragte
sie ihn.

»Nein.«

»Ich habe zu Pater Pio gebetet ... das heißt, zum
Schutzengel ... ich habe den Schutzengel zu Pater
Pio geschickt, dass er Martin helfen möge ...«

Und so stellte sich heraus, dass beide unabhängig
voneinander das gleiche Gebet verrichtet hatten.
Mit Erfolg!

Die beiden waren so glücklich, dass sie beschlossen,
sich persönlich bei Pater Pio zu bedanken.

Zwei Wochen später fuhr der Vater von Martin zu
dem stigmatisierten Pater, der so vielen Menschen
geholfen hatte.

Er trat ein in die Sakristei, in der er Pio tatsächlich
gleich sah. Der Pater war von zahlreichen Männern
umringt, die emsig auf ihn einredeten.

Kaum war der Angekommene in Pios Nähe, da
wandte der sich um und blickte dem Besucher direkt in die Augen. Was für ein Blick!

Pater Pio indes war bester Laune und sagte voller
Humor, indem er mit dem Finger auf den Ankömm-

ling deutete: »Bei euch hat man nicht einmal in der Nacht Ruhe.«

Diese Geschichte beweist, welche unglaubliche, Raum und Zeit sprengende Kraft im Gebet steckt! Der Glaube versetzt Berge, schon Jesus wusste dies. Auch wenn der Glaube wie in diesem Fall durch die Erkrankung des Kindes gestärkt wird. Viele Menschen gelangen erst in Notsituationen zu wahrer Glaubenskraft – aber es ginge auch anders.
Hinter den verschiedenen Formen von Krankheit verbergen sich oft starke geistige Einflüsse. Denn die verwirrte, die »durcheinander geschüttelte« Gesundheit der Seele und des Geistes ist gar oft Ursache der folgenden körperlichen Erscheinungen.

»Denn er kennt meinen Namen. Er ruft mich und ich antworte ihm.« (Psalm 91)

Das Gute inmitten von Zerstörung

Karl F. befand sich im Schützengraben, es waren die letzten Kriegstage, ein Großteil seiner Kameraden lag in allernächster Nähe von ihm: tot, sinnlos hingeopfert für nichts als eine Wahnsinnsidee.

Die Granaten schlugen immer häufiger ein, da, hier und dort, er kauerte sich in einem Granatentrichter an die Erde und wartete.

Dann die Stimme: »Geh weg!«

Er sprang hoch, schlüpfte aus dem Krater, sauste, möglichst geduckt, geradeaus.

Bei dem ohrenbetäubenden Einschlag hinter ihm wusste er: Es wäre wenig übrig geblieben.

Jetzt ließ er zuversichtlich geschehen, was geschah, und hörte nicht auf zu beten.

Er überlebte den Tag, auch den nächsten – und bald war der Krieg vorbei.

Doch den Kontakt zum Schutzengel hat er nicht vergessen – bis heute.

Geschichten, in denen »Unsichtbare« handgreiflich ins menschliche Leben eingreifen, gibt es in Hülle und Fülle. Und es ist erstaunlich, welch sonderbare Methoden da zuweilen angewandt werden, eben von jenen Mächten, die aus der ganz anderen Welt stammen.

»Er schirmt dich mit seiner Schwinge,
du birgst dich ihm unter den Flügeln (...)
Ja, da bist DU, meine Bergung!«
(Psalm 91)

DIE DREI WEISEN
AUS DEM MORGENLAND

Die folgende Schutzengelgeschichte stammt aus dem Archiv der Erzdiözese München und Freising. Sie enthüllt nicht nur verborgenes Wissen über den Schutzengel, sondern gibt auch dem Weihnachtsevangelium eine so noch nicht gekannte Deutung. Im Evangelium nach Matthäus steht: »Die Weisen aus dem Morgenland: Als Jesus in den Tagen des Königs Herodes zu Bethlehem in Judäa geboren war, da kamen Weise aus dem Morgenland nach Jerusalem und fragten: ›Wo ist der neugeborene König der Juden? Wir haben nämlich seinen Stern im Morgenland gesehen und sind gekommen, ihm zu huldigen.‹ Als Herodes das hörte, erschrak er« (Matth. 2,1-3).

Herodes erschrak! Ihm wurde die Gefahr bewusst, die von dieser Geburt für ihn ausging. »Zieht hin und forscht sorgfältig nach dem Kind« (Matth. 2,8 ff.).

Und nun der entscheidende Satz: »In einem Traum erhielten sie [die Weisen aus dem Morgenland] die Weisung, nicht zu Herodes zurückzukehren. [...] Sie zogen auf einem anderen Weg in ihr Land zurück.«

Im Archiv findet sich nun die folgende Version der Geschichte.

Die drei Könige sahen einen Engel, der ihnen »in Gestalt eines ueberaus glantzenden Sterns« erschienen war und sie sicher über einen gefährlichen Gebirgspass führte.

Es war also kein Geringerer als der Schutzengel, der den drei Weisen gesagt hatte, sie sollen dem mordsüchtigen Herodes keineswegs verraten, wo der neugeborene Gottessohn läge! Doch nicht nur das, der Engel hatte den drei Königen auch ins Ohr geraunt, einen anderen Weg zurück in ihre Heimat zu nehmen: »Kehrt keineswegs zu Herodes und seiner Frau zurück und kündet ihm von Jesus Christus in der Krippe!«

»Machen wir«, sagten die drei Könige. Sie waren selbst eingeweihte Magier und hatten den Engel nur zu gut verstanden. An den ganz gewissen Blick des Herodes, als sie ihn nach dem »neugeborenen König der Juden« gefragt hatten, erinnerten sie sich nur zu genau.

»Geht über den anderen Pass zurück, nicht über den, der euch hierher führte!«

Auch das befolgten die Könige sofort.

So wurde der Schutzengel der Retter des neugeborenen Heilands, so wurde durch den Engel (also durch den verlängerten Willen Gottes) die Erlösungstat ermöglicht und uns allen das ewige Leben geschenkt.

»Der Engel deß Herrn (...) fueret die drey weise Koenig/Caspar/Melchior und Balthasar/auß Morgenland nach Bethlehem zu der Geburts-Krippen unseres Erloesers; und wahrnet sie/dass sie nicht mehr sollten nach Jerusalem zum Herodes reysen/wegen seiner heimblichen Nachstellungen gegen den neugebohrenen Heyland; sondern sie sollten ein andere Straß vor sich nemmen/und durch einen anderen Pass nach ihren Haimet zurückkehren ...«

Die Geschichte spricht für sich und bedarf keines Kommentars. Der Schutzengel als schützender Wille Gottes, als des Weltenschöpfers wuchtiges »Ja« zum Erlösungswerk Christi.

»Denn von Seiten Gottes ist nichts unmöglich – kein Ding.
Sprach Maria: Da! Ich bin die Magd des Herrn, geschehe mir nach deinem Wort!
Und der Engel ging von ihr.«
(Lukas 1,36-38)

Die Errettung armer Seelen

In der folgenden wahren und verbürgten Geschichte geht es einmal um einen Schutzengel, der nicht den Lebenden hilft, damit diese in einer besonderen oder besonders gefährlichen Situation besser bestehen (oder überhaupt diese zumeist gefährliche Situation überleben!) – nein, hier schaltet sich der Schutzengel ein, um einer Frau den speziellen Auftrag Gottes zu erteilen, sie möge sich für arme Seelen einsetzen.

Maria Haas in Baltringen bei Laupheim starb 1990 im Alter von fünfundneunzig Jahren.

Der Wunsch der hübschen, klugen und sehr hilfsbereiten Frau war es immer schon gewesen, Benediktinerin in Tutzing zu werden. Dort befindet sich tatsächlich ein malerisches Benediktinerkloster am Westufer des Starnberger Sees, ein Kraftort ohnegleichen und auch Ort verbürgter Marienwunder!

Jedoch oblag Maria die Pflege ihrer schwer kranken Eltern, die noch dazu hochbetagt waren.

Wie es oft so ist im Leben mit den unerfüllten Träumen: Maria hatte ihren Herzenswunsch zu lange hinausgeschoben – und irgendwann war es ihrer

Meinung nach für einen Klostereintritt zu spät, weil sie eine andere Aufgabe bekam.

Die zum mystischen Erleben veranlagte Frau hatte immer ein intensives christliches Leben geführt.

Man sah Maria täglich bei der Messe und an der Kommunionbank. Diese Regelmäßigkeit gottesfürchtigen Tuns muss es wohl gewesen sein, dass dann mit unangemeldeter Gewalt das Außergewöhnliche jäh über sie hereinbrach. Denn plötzlich, unmittelbar nach der heiligen Messe, auf der Schwelle des Hauptausgangs direkt unter dem Spitzbogen des wuchtigen Portals erhielt sie ihren besonderen Auftrag. Das war im Jahre 1935.

»Zentnerschwer« sei es auf sie gefallen, so berichtete sie, zentnerschwer, als sie die Kirche verließ.

»Setze dich ein für die armen Seelen in Gebet und Opfer! Ab sofort!«

»Ja«, sagte sie nur, »ich will es tun.«

So ward ihr also aufgetragen, sich mit betender Hingabe für die Seelen Verstorbener einzusetzen. Und willig hatte sie sich dazu bereit erklärt.

Es dauerte nicht lange, da kam die erste arme Seele, es war ihr Vater.

»Vater, ich habe doch geglaubt, du seist schon im Himmel.«

Darauf der erschienene Vater: »Es braucht nur noch einen Rosenkranz ...«

»Oder eine Messe?«, so die Tochter.

»Nein, ein Rosenkranz genügt.«

Und den betete sie voller Inbrunst.

Ihr Gesicht war von schweren Sorgenfalten durchfurcht, doch hellte es sich in unglaublicher Weise auf, als sie von seligen Seelen sprach. Sonst hatte man oft den Eindruck, als sehe sie zu vieles, was sie sehr schmerzte.

War es das Wissen der Maria Haas um die Qualen derer, die zu Lebzeiten ihre Dinge nicht in Ordnung bringen konnten?

Maria Haas tat ihr Bestes und war sie krank, dann blieben die Hilfe suchenden Seelen aus. Gerade dieser Umstand ist auch ein Kriterium der Echtheit ihrer Schauungen; dieses Kriterium ist in der Mystik hinreichend bekannt.

Der Bote Gottes tritt nicht als Retter oder Beschützer auf, sondern als Ver-Mittler, er steht in der Mitte zwischen Gott und dem Menschen. Da er aber den Auftrag erteilt, arme Seelen zu beschützen, wird er doch wieder seiner Schutzfunktion gerecht.

Vermittler dieser würdigen Aufgabe an ein frommes Fräulein, die geistige Begabung für arme Seelen einzusetzen, war mit Sicherheit – der Schutzengel!

Ein Apostolat, das wie kein anderes unmittelbar in die jenseitige Welt hinübergreift, ist der Einsatz für die Erlösung der armen Seelen im Fegfeuer. Nun fragte Frumentius: »Aber gibt es überhaupt einen Reinigungsort oder Reinigungszustand im Jenseits? Die klassische Theologie wusste hier keine klare

Antwort, die Kirche ebenfalls.« Sie (die Kirche) bittet im ersten Hochgebet ausdrücklich: »Wir bitten dich. Führe sie und alle, die in Christus entschlafen sind, in das Land der Verheißung, des Lichtes und Friedens.«

DIE RICHTIGE EINGEBUNG

Am 11. 11. 2000 (man beachte die Zahlen!) geschah am Kitzsteinhorn im Salzburger Land (Österreich) die größte Katastrophe, die das Land Salzburg je erlebt hat.

In der Tunnelröhre entzündete sich der voll besetzte Wagen der Gletscher-Standseilbahn – kein Mensch wird je wissen, wie und warum dies zu genau dieser Zeit genau so geschah.

In dem folgenden höllischen Inferno kamen dann weit über hundertfünfzig Menschen jäh ums Leben.

Eine Familie aus dem Fränkischen jedoch hatte sich kurzfristig entschlossen, trotz der gebuchten Teilnahme, die über ein kleines ortsansässiges Reisebüro organisiert worden war – eben diese Teilnahme abzusagen! Grund: Plötzlich taten der Mutter die zwei kleinen Kinder Leid, die wenngleich übers Wochenende in der Obhut netter Großeltern, doch recht traurig gewesen wären.

»Ich bring's nicht übers Herz, nur um meinen Spaß zu haben, Klaus und Steffi allein zu lassen.«

»Ah was, die sind bei meinen Eltern bestens versorgt«, so der Mann.

104

Doch die Frau setzte sich durch.

Später hätte sie nicht sagen können, warum ihr vor der launigen Skireise so bang ums Herz ward.

Wie tief saß dann der Schock, als das Elternpaar am Samstag ab der Mittagszeit über sämtliche Radios erfahren musste, was der Ausflug für ihr Leben bedeutet hätte!

Denn in dem von wütenden Flammen vernichteten Waggon hatte sich die gesamte fränkische Reisegruppe befunden. Die Hitze wurde während des Brandes so immens groß, dass sogar das Aluminium brannte.

Noch unter Schock riefen die Eltern Pater Frumentius in St. Ottilien an.

»Was hat uns vor dem sicheren Tod bewahrt? Was hat unsere Kinder davor verschont, Vollwaisen zu werden?« Die Antwort, die das Elternpaar von dem frommen Mönch (der oftmals Wahrheiten sagte, die andere lieber für sich behalten) bekamen, war ebenso verblüffend wie schockierend: »Eltern mit so kleinen Kindern sollen daheim bleiben und sich um die Kinder kümmern, statt dem Vergnügen nachzulaufen.«

Den jungen Eltern blieb die Luft weg.

Frumentius schloss: »Sie haben dann doch an ihre Kinder gedacht. Das Gewissen hat Ihnen gesagt: Lass sie nicht übers Wochenende traurig sein: *Das war Ihr Schutzengel!*«

So einfach ist es wirklich manchmal: Der Schutz-
engel ist nichts anderes als das richtige Verhalten
des Menschen: In diesem vorliegenden Falle war es
das scheinbar unbegründbare starke Mitleid mit
den Kinderseelen, die sich auf ein Wochenende mit
Papa und Mama gefreut haben.
Der Schutzengel ist in uns. Er ist näher, als wir glau-
ben. Die wirklich guten und gottgefälligen Dinge
sind immer ganz einfach.

BEFREIUNG VON DER SUCHT

Bodo B. war in schwerer und lebensbedrohender Weise der Trunksucht verfallen. Erst schleichend taumelte er, der so sehr Geselligkeit und menschlichen Kontakt liebte, in immer trinkfestere Kreise. Dann, im Lauf einiger Jahre wurde – für ihn selbst unmerklich, für andere umso deutlicher – die Gesellschaft, die ihn umgab, immer schlechter und trostloser.

Bodo vollzog von Mal zu Mal den Schritt auf eine wesentlich tiefer liegende spirituelle und ethische Ebene. Das gesellschaftliche Plateau, dem er entstammte, hatte er längst aus dem Blick verloren.

Indes: In neuer froher Runde trank er weiter.

Er dachte zwar, dass er seine Sucht noch im Griff hatte, das war jedoch niemals der Fall.

Nun trank Bodo, »weil er ein Trinker war«, die Ausreden waren längst schon so blöd wie seine Gedanken. Er verrohte, er verarmte, er wurde krank an Körper, Geist und Seele.

Die Frau blieb lange schon weg, ebenso waren Geld, Beruf und sogar Kinder jämmerlich auf der Strecke geblieben.

Er trank, stahl, log – und trank.

Seine Träume waren besetzt von den gierigen, grausigen, überlegen grinsenden Fratzen, wie man sie an den Portalen gotischer Kathedralen findet.

Ein Außenstehender würde sagen: Halluzinationen, Delirium! – Indes, die Fratzen, die ihn umgaben, an ihm zerrten, der Alb, der nächtens auf seiner Brust hockte, bis er in einem Schrei den traumschweren Schlaf von sich warf, kurz, all die Dämonen und Gesellen des Bösen – das alles war echt.

Er fühlte es und er wusste, dass er verloren war. Das Leid von Bodo schwoll an zum Crescendo des Unerträglichen. Alles stand Kopf, alles war verdreht, die Gedanken, die Eindrücke, die er von der Außenwelt empfing, Magen, Darm, Leber, Herz sowieso.

Er sah nicht ein Abbild der Hölle, er war selbst mittendrin.

Dann stürzte er nochmals ab. Diesmal ins Bodenlose.

Als es nicht mehr tiefer nach unten ging, schlug er auf, trocken und hart und schmerzlich. Und dieser Granitboden, auf dem er aufprallte, war der absolute Tiefpunkt, den ein Mensch erreichen kann.

Hier fand ihn dann die Gnade Gottes.

Er fühlte sich an diesem Punkt seines Lebens nicht mehr elend oder schlecht, er war selbst das Elend oder die Schlechtigkeit. Er war eher tot als lebendig, sein Lebendigsein reichte nur noch zum Leiden.

Er wollte sich winden, wegkriechen, doch blieb regungslos genau da liegen, wo er lag. Er war tot und nicht tot – litt …

Er wollte schreien. Es ging nicht. Er versuchte es erneut. Und es schrie aus ihm: »Gott, hilf!«

Das Licht, das alsbald den Raum erfüllte, war hell wie die Schönheit selbst. Es formierte sich zu einem Wesen, das seinerseits wesenlos war und doch Person. Es stand da, dieses Wesen, und wirkte so ganz anders als die Hunde der Hölle, es strahlte Liebe aus, blieb Engel, helfendes Licht, Helligkeit der Seele.

»Hilf mir doch!«, brach es aus ihm heraus.

Und die Antwort kam sofort von jener warmen, lichtdurchwirkten Wesenheit, die zugleich wesenlos war: »Du brauchst nicht mehr zu trinken.«

Bodo lag noch lange da, er war vor wenigen Augenblicken so tief gefallen, wie es nur ging, so weit unten befand er sich, dass es von jetzt an nur noch nach oben gehen konnte. Und er wusste es.

Der Gedanke, das Wissen, die Gewissheit, nicht wieder trinken zu müssen, erfüllte ihn mit einem Gefühl, das Worte nicht fassen können.

Zehn Jahre später hatte er Gesundheit, Beruf, Ehe und Selbstachtung wiedererlangt. Er lebte, arbeitete mit Freude und liebte. Er sah die heranwachsenden Kinder, die ihn mochten. Eine Tochter war sogar zu ihm gezogen.

An die Engelsgestalt von damals und das unglaubliche Licht in tiefster Nacht denkt er täglich.

Es gibt Situationen, Krankheit oder Sucht können der Auslöser sein, da erreicht den Menschen nur noch in allergrößter Not die rettende Hand Gottes. Denn vor allem trotzige oder rechthaberische Menschen werden erst durch Leid »demütig« im positiven Sinn: Sie können erst dann, wenn ihnen alles genommen ist, die höhere Macht anerkennen; ihr Zweifel schwindet: Sie haben keine Zeit mehr, zu zweifeln oder das alte Ego zu pflegen.

Immer wieder möge darauf hingewiesen werden, dass das Reich des Lichts uns »näher ist, als wir glauben«.

Meisterin über den Fürsten der Finsternis

Es war einmal eine wohlhabende und gut aussehende Witwe mit Namen Franziska, die wurde bald im Kreise ihrer Kirchengemeinde dafür berühmt, dass sie »under anderen Gnaden Gottes/seyne mit eines geheimben (!) Engels Freundlichkeit begabt gewesen«.

So jedenfalls findet sich die Aufzeichnung im Kirchenarchiv. Höchst interessant: Diese begabte Frau besaß also die seltene Gabe, den Engeln Namen zu geben. Dabei handelt es sich jedoch nicht lediglich um ein harmloses Sich-einfallen-Lassen von Namen, nein, vielmehr besaß diese Frau Macht zu benennen!

Man muss wissen, ein Name ist immer Symbol und Macht, wer also die Dämonen beim Namen nennen kann, der kann sie rufen. Es ist tatsächlich eine Art Macht, die sich allerdings bitterlich rächen kann. Denn gerufene Dämonen wird keiner so schnell mehr los.

Jesus Christus trieb Dämonen aus, indem er sie beim Namen rief! Die Macht des Gottessohnes ist aber keinem einzigen Menschen sonst gegeben, was immer neuere Exorzisten sich auch einbilden mögen.

Die Aufzeichnung aus dem Kirchenarchiv geht überraschend genau auf diese Namensnennungen ein. Da heißt es, Franziska wusste die Engel in ihrer Erscheinung »auf der weißen/Himmel-blauen/rothen/ Scharlach-farben/gruenen/purpurierten/Goldsichtigen/und dergleichen gemischten Farben auffs Beste zu entscheyden und zu benambsen ...«

Da sie trotz oder wegen ihrer Fähigkeiten im übersinnlichen und okkulten Bereich bedingungslos auf der Seite Gottes stand, versuchten die Mächte der Finsternis sie zu peinigen. Sie lauerten der geplagten Franziska auf, wo sie konnten.

Und die Angriffe waren bei weitem nicht nur seelischer Natur. Auch körperlich erlitt die fromme Frau schwere Schläge. Die Dämonen der Nacht waren auf ihre Vernichtung aus, denn durch die Fähigkeit der Angegriffenen, das Böse beim Namen zu nennen, wurde die Macht der verderbenden Kräfte gebannt und eingeschränkt. Seit die Welt besteht und seit es Menschen gibt, legt der Teufel Wert darauf, nicht als solcher genannt und erkannt zu werden. Das gilt für totalitäre Systeme ebenso wie in Mythen und Märchen.

Nun wurde es für Franziska wirklich gefährlich – und sie wusste dies! Denn es war ihr gelungen, ein absolutes Geheimnis der Engelshierarchien zu erkunden und zu durchbrechen: War sie doch vorgedrungen in den vierten Chor der Gewaltigkeiten, wie die Quelle diese geheime Instanz bezeichnet. Und aus diesem vierten Chor der Gewaltigkeiten erhielt sie nun Botschaften, die sicherlich sonst kein Erdenmensch erlangen durfte: Franziska wurde durch ihren persönlichen Engel »taeglich bedienet, durch dessen Beystand sie den Fuersten der finsternuß jederzeit ist meister worden.«

Meister worden! Sie erlangte also einen Meistergrad über den Fürsten der Finsternis! Wird sich die Finsternis so etwas gefallen lassen? Sicher nicht.

Der Teufel braucht keinen Meister. Dass er letztlich der Vasall Gottes ist, scheint er immer noch nicht begriffen zu haben.

Franziska stand weiter auf der Seite Gottes – die Gegenseite wusste das auch diesmal und versuchte nun, sie endgültig zu vernichten.

Denn unter dem Meistergrad ist hier zu verstehen, dass die Begnadete um den dreifachen Stand der Hölle wusste: also Wahres und seltenes Geheimwissen hatte. Dies Wissen gönnten ihr weder die Mächte der Hölle noch deren irdische Helfershelfer.

Unruhig schlief Franziska in der letzten Zeit.

Wieder war ein Abend gekommen! Die Tage bestanden längst nur noch in einem ängstlichen Warten, was denn die Dunkelheit wieder an Schrecken brächte! Erneut die bangen Stunden, die ängstliche Frage, was die Nacht bereithielt an Teufelszauber! Schwere Dunkelheit senkte sich über den kleinen

Ort, in dem sie wohnte. Würde sie endlich einmal wieder ruhig schlafen können? Nun, wenigstens wusste sie genau, dass im Haus überall abgesperrt war.

Sie saß auf der Bettkante und bekreuzigte sich.

Da!

Der erste Teufel. Er stand einfach im Zimmer, ohne sich auch nur irgendwie angemeldet zu haben. Noch ehe sie das Kreuzzeichen beendet hatte, schlug der Antichrist mit einer pfeifenden Rute auf sie ein. Und wieder. Und wieder.

Sie zuckte zusammen, schrie auf vor Schmerz. Hörte denn diese Tortur niemals auf? Das abscheuliche Lachen der negativen Kreatur ... Aber ...!

Da kam, gleichsam aus dem Nichts, der Schutzengel und fing den nächsten Schlag auf. Hochherrlich und männlich stand er vor der Entkräfteten, obwohl ihn am Anfang seines Auftritts derbe Schläge des Teufels trafen.

Wörtlich erzählt die Chronik über seinen rettenden Einsatz, er habe »die Streich auffgefangen«.

Der Quälteufel steigerte sich in eine blinde Wut des Schlagens, traf jedoch sein Ziel kein einziges Mal mehr. Irgendwann gab er auf. Als es zwölf schlug, fuhr er mit entsetzlichem Grölen durch den Ofen aus der Wohnung, hinaus in die Finsternis, wo er hergekommen war.

Franziska blieb fortan beschützt ihr Leben lang. Der Engel wich nicht von ihrer Seite. Auch noch in der

Sterbestunde war er da, treu, begleitend und fürsorglich.

Ein stiller, schmerzfreier, feierlicher Tod ward ihr nach langem Erdenleben beschieden. Und als sie durch den langen Tunnel der Zeiten geschritten war und am anderen Ende ankam, da stand ihr Engel mit einem Lächeln vor ihr, wiederum der Erste, der sie in der anderen Welt begrüßte.

Diese Geschichte steckt wie kaum eine andere, die sich in dem Kirchenarchiv findet, voller geheimer Botschaften. Das geht schon aus der Benennung »geheimber Engel ... begabt ...« hervor: Franziska ist durch welche Gnaden auch immer begabt, echte Geheimnisse des Himmels und der Hölle, also der großen Polarität alles Geschaffenen, zu erfahren.

Der Leser möge selbst über den »dreifachen Stand der Hölle« meditieren; ihm wird viel nie Gehörtes und Gelesenes über Gut und Böse klar werden.

Dann das »Benambsen«, also die Fähigkeit, Kräfte und Hierarchien beim wahren Namen zu nennen: Die einem Menschenkind dadurch verliehene Macht kann sich die Hölle nie und nimmer gefallen lassen. Deshalb die oft höllischen Schmerzen, die jeder aushalten muss, der konsequent auf der Seite der himmlischen Mächte steht. Aber solche Mühe lohnt sich allemal.

Franziska leidet, weil sie gut ist und unbeirrbar. Ging es nicht auch dem Heiland so?

Als dann der Schutzengel auftritt (Vertreter des Erlösers und Vertreter Gottes), bekommt der die ersten Schläge ab. Doch er siegt!

Franziska wurde mit Satan allein fertig, ohne Priester, allein mit Gott und göttlichem Beistand. Hier bietet diese einzigartige Geschichte einen Auto-Exorzismus. Frumentius weist in seinem geheimen Archiv nahezu verzweifelt immer wieder darauf hin, wie sehr die Kirche Suchende und Ver-Suchte und vom Teufel Verfolgte im Stich lässt: »Wie traurig ist es, wenn heute sogar manche Theologen Satan in seiner Macht nicht ernst nehmen, ihn leugnen, als existiere er gar nicht«, so zitiert er einen bekannten Theologen. In unseren Tagen wird uns aber das Ernstnehmen des Bösen, wenn wir es schon nicht von selbst begreifen, mit Gewalt aufgedrängt. Doch einen Feind, den man kennt und ernst nimmt, der lässt sich leichter bekämpfen! Pater Frumentius hat wie kaum ein Zweiter gewusst, wovon er sprach, wovor er warnte.

*Der Schutzengel ist
einfach da*

ZUR RECHTEN ZEIT
AM RECHTEN ORT

Sabrina, ein aufgewecktes Mädchen, schon recht groß für ihr Alter, aber noch mit dem natürlichen Charme des Kindes, ging federnden Schrittes, eher hüpfend, von der Schule nach Hause. Es war ein guter Tag, zwei Noten, die sie bekam, fielen vollkommen zu ihrer Zufriedenheit aus.

Noch waren es fünfzig Meter hin zu ihrem Elternhaus, ein liebliches Reihenhäuschen in der vorstädtisch gefärbten Straße.

Exakt 13.50 Uhr.

Sabrina freute sich auf zu Hause – hielt jedoch plötzlich inne! Da war etwas. Später wird sie sagen, es sei, als habe sie irgendetwas festgehalten. Dann hörte sie ein wütendes, bösartiges Knarzen, das von Metallteilen verursacht wird, die mit großer Gewalt brechen.

Sie blickte nach oben und blieb wie angewurzelt stehen:

Ein zwanzig Tonnen schwerer Baukran hatte sich aus der Verankerung gerissen und das zwanzig Meter hohe Stahlgestänge stürzte genau auf Sabrina zu ...

Sie blieb weiter starr, rührte sich nicht ...

Und direkt neben ihr schlug die Last wie eine Bombe in den Fußweg ein.

Der Kran traf noch im Fallen den VW-Bus, der zur Baufirma von Sabrinas Vater gehört. Das Auto war im wörtlichen Sinne platt.

Sabrina stand unverletzt daneben und hatte nur einen leichten Schock.

Der TÜV untersuchte hinterher, warum der Kran umfiel. Doch wen interessiert das Ergebnis?

»Sabrina blieb einfach stehen ...«, erzählten die Eltern immer wieder, die den Vorfall mit ansehen mussten und dabei gleichzeitig zu keinem Zuruf fähig waren.

Warum?

Normalerweise würde jeder Vater, jede Mutter schreien: »Pass auf! Lauf weg!« Doch dies hätte die Katastrophe erst ausgelöst, Sabrina wäre sicherlich in die falsche Richtung gerannt. So konnten die Eltern keinen Laut hervorbringen und das Kind stand still ...

»Ich mußte auf einmal stehen bleiben ...«, sagt das Mädchen. Sie sagt es immer wieder, wochenlang. »Warum, weiß ich nicht.«

Im Falle dieser Geschichte der kleinen Sabrina bedient sich der Schutzengel der Intuition. Er wird nicht selbst sichtbar oder tritt gar körperlich auf, er kündigt sich auch nicht vorher in Träumen an: Er

ist da zur rechten Zeit! Wäre der Engel vorher erschienen, so hätte er das Mädchen sicherlich davon
abgehalten, zu der gefährlichen Stelle zu gehen.

So kann Sabrina später nichts anderes berichten
als: »Ich musste einfach stehen bleiben!«

Und vergessen wir nicht: Oft bewahrt uns der
Schutzengel vor einer womöglich tödlichen Gefahr –
und wir wissen es gar nicht. Sind vielleicht sogar
wütend, weil etwas nicht geklappt hat.

Hier hilft der Gedanke: Es ist alles für etwas gut!

SONNENGESANG
DER SEELE

Es war die Zeit, da Franziskus allen irdischen Dingen, Gütern und scheinbaren Wichtigkeiten entsagt hatte und den so ganz anderen, herrlichen Weg gegangen war: sein Leben, Lieben und Streben dem Dienst an Gott und der Nachfolge Christi zu widmen.

Als er also wieder einmal vollends ins Göttliche vertieft war, da hörte er Musik.

Nicht laut, nicht aufdringlich, sondern einfach nur schön.

Dem begabtesten Dichter würde es schwer fallen, diese Art von Musik zu beschreiben, denn es handelte sich um Klänge sphärischer Natur, durchaus strukturierte Klangfolgen, Kompositionen von beruhigender, durchdringender Anmut, engelhaftes Lachen der Töne ...

Es war tatsächlich Engelsmusik, die auch in der darstellenden Kunst gerne gezeigt wird: Engelschöre, Engel mit allen Arten von Instrumenten, vor allem Harfen, Posaunen, Pauken.

Diese Erfahrung des heiligen Franz von Assisi ist wie folgt niedergeschrieben:

»Das Kirchlein zu Portiuncula wird von dem Sera-
phischen Vatter Franciscus/das Kirchlein von den
Englen genambset (benannt?)/weilen allda öffters ist
die allerschoenste Englische Music gehoeret worden.«

*Manchmal genügt schon ein intensives Denken
an den heiligen Franziskus und dazu ein inniges
»Sich-die-Szene-Vorstellen« und schon ist sie im
Ohr, die göttliche Musik der Sphären, die Melodie
des Alls, der Wohlklang der Schöpfung: Sonnenge-
sang der Seele!*

»Wahr ist's!
Die Preisung und die Herrlichkeit,
und die Weisheit und der Dank,
und die Ehre und die Kraft und die Stärke unserem
Gott
ins All der Weltzeiten.
Wahr ist's!«
(Offenbarung des Johannes 7,11-12)

BETEN, BETEN, BETEN

Glaubwürdig wird überliefert, dass eine etwa vier-
zigjährige Frau sich im Jahre 1929 heftig mit dem
Messer schnitt und eine lebensgefährliche Blutver-
giftung hatte. Man hätte ihr um ein Haar den Arm
abgenommen. Davon erfuhr der erfahrene Pfarrer W.
aus Altötting und sagte aus tiefem Glauben heraus
zu ihr: »Schutzengel gehabt! Am besten rufen Sie
ihn gleich noch einmal an und bitten inständig, er
möge Ihnen weiter beistehen. Denn ohne Schutzengel wird keiner sehr alt!«
»Ach, ach«, strömte es nun aus Anneliese M., denn
so hieß die Frau: »Das Anrufen von Schutzengeln
habe ich schwer büßen müssen.«
»Wie?!«, sprudelte es geradezu aus dem rechtschaf-
fenen Pfarrer heraus: »Seit wann hat je irgendwo auf
dieser Welt irgendein Mensch das Anrufen von
Schutzengeln büßen müssen! Da ist mir kein einziger Fall bekannt geworden.«
Anneliese M. geriet ins Stocken, ins Stottern, ver-
haspelte sich wieder und lachte dann auch: »Nein,
Herr Pfarrer, da muss ich mich wohl etwas deutlicher ausdrücken: Ich habe nicht das Schutzengel-

Beten büßen müssen, sondern die Tatsache, dass ich nach langen Jahren mit dem Beten aufhörte.

Warum, weiß ich nicht. Vielleicht ist es mir an jenem Tage zu kindisch vorgekommen, zu frömmelnd oder sonst irgendwas. Jedenfalls habe ich das Beten unterlassen – bewusst!

Und genau an dem Tag ist dann das Unglück mit der üblen Schnittverletzung und den gefährlichen Nachwirkungen passiert! Das merk' ich mir!«

Pater Frumentius sagte immer wieder: »Beten, beten, beten.« Doch auch in altehrwürdigen Büchern finden sich ähnliche Anleitungen: »Verbinde dich oft mit dem Engel deiner Umwelt.« Interessant ist, dass der derzeit aktuelle »Engel-für-jede-Gelegenheit«-Kult gar nicht so neu ist, wie er scheint. So wird schon vor fünfzig Jahren empfohlen, sich mit den Engeln der Kinder, Geschwister, des Chefs, des Personals, der Angestellten, Kollegen, Untergebenen, kurz: aller Menschen, mit denen man zu tun hat und die das eigene Leben bestimmen (und umgekehrt), zu verbinden. Ach ja: und natürlich mit dem eigenen!

Der Rabe
speist den Einsiedler

Menradus war das, was man heute einen Sonderling nennen würde. Er wuchs, ähnlich von allen weltlichen Dingen abgeschirmt wie dereinst Parzival, als Einzelkind auf, seine Mutter war Witwe, überängstlich und dominant. Was blieb ihm da anderes übrig, als sich intensiv der Religion zuzuwenden?

Zugegeben, nicht alle Söhne mit derart sonderlichen Müttern flüchten automatisch ins Religiöse, das nicht. Bei Menradus war es jedoch so.

Menradus zog sich in den Wald zurück, errichtete dort eine Klause und lebte von Wurzeln und Kräutern.

Er empfing Menschen, die zu ihm kamen und von allerlei Leid geplagt wurden.

Und er hatte, seltsam wie er war, eben auch die besondere Begabung des Heilens. Vielleicht aus seinem tiefen Glauben heraus und der fehlenden Ablenkung.

Bald hatte er in der gesamten Gegend einen Ruf als Heiler und Wundertäter, er tat es umsonst und die Menschen versorgten ihn dafür mit dem Nötigsten.

Plötzlich aber blieben die Zuwendungen aus. Wer kann sagen, warum? Die Quelle aus dem angesehenen Kirchenarchiv schweigt über die Gründe. Menradus fiel nun ziemlich vom Fleisch. Zwar war er es gewohnt, als Asket zu leben, nun geriet sein körperlicher Zustand allerdings wirklich in Gefahr.

Er saß einsam auf seinem Vorplatz der Klause und betete zu Gott. Er flehte den himmlischen Fürsten an, ihn mit Nahrung zu versehen.

Da! Was war das!

Ein schwarzer Rabe hüpfte vor seiner Hütte herum und hielt ein großes Stück Brot im Schnabel. Das legte das seltsame Tier vorsichtig vor den heiligmäßigen Mann, krächzte und schaute ihn daraufhin auffordernd an.

»Danke!«, sagte der Hungrige und aß das wohlschmeckende Brot. Der Rabe flog fort und kam bald wieder. Diesmal mit einer Rübe.

Nun erschien der schwarze Vogel täglich und hatte mit der Zeit einen sehr ausgewogenen Speiseplan für den Einsiedler bereit. Zugegeben, kein üppiges Essen, aber das Notwendige, dazu viel Obst und Getreide. Wasser war da, denn die Hütte stand nahe einer fröhlich sprudelnden Quelle.

Einsiedler und Heilige leben zumeist an magischen Orten, denn sie haben den siebten Sinn für Kraftorte – zumeist Stätten mit unterirdischen Wasseradern. Menradus besaß zudem die Gabe des Wünschelruten-Gehens. Daher auch das Wissen um Heilung und Natur.

Er aß das, was der schwarze Vogel ihm vorsetzte, nahm dankend an, was ihm tagtäglich vom Himmel serviert wurde. Irgendwann wollte er wissen, wer denn der himmlische Helfer sei, der ihn da in Form eines Raben so liebevoll versorgte. In einem innigen Gebet fragte er Gott:

»Sage mir bitte, wer ist der Vogel?«

»Dein persönlicher Schutzengel«, kam es zurück.

»Danke.«

»Schon gut.«

Dieser kurz angehaltene, an Informationen reiche Dialog sollte uns kein bisschen wundern. Denn ein Asket und Heiliger wie Menradus hat es nicht so schwer, mit Gott in schnellen und effektiven Kontakt zu treten.

Nun kam Menradus wieder zu festen Kräften – und bald besuchten auch die Menschen ihn wieder, um sich, wie vor seiner Auszehrung, von ihm helfen zu lassen und um Heilung von den Leiden des täglichen Lebens zu erhalten.

Weshalb sie ihn zuvor allein gelassen hatten, ist nicht überliefert.

So ist der Mensch. Nehmen und selten geben. Gott schenke uns immer wieder Ausnahmemenschen wie diesen Klausner Menradus, der sein Leben der Hilfe und Heilung anderer widmet.

Als Deutung der Geschichte der entscheidende Teil des Original-Textes, denn dieser spricht für sich allein: »S. Menradus der Einsiedel in Schweitzerland/wird von den Englen taeglich gespeiset mit einem von Raaben gebrachten Brodt; durch Huelff und Beystand seines Engels thut er herzlich zu schanden machen einen entsetzlichen Schwarm der hoellischen Teuffel.«

Zwei biblische Motive: Der Rabe, der den Propheten speist, und das Brot vom Himmel, die Speise von oben für jenen, der den Weg der Heiligkeit geht. Und immer wieder zeigt sich: Der Schutzengel ist einfallsreich!

»Da rührte ihn ein Bote an,
der sprach zu ihm:
Erheb dich, iss.
Er blickte sich um (...)
Er aß und trank und legte sich wieder hin.«
(1 Könige 19,5-6)

Boten Gottes

DER VERSTORBENE SOHN
IM TOTENHEMD

»Fenster in eine verborgene Welt ...«, so hat Pater
Frumentius in seinem geheimen Archiv das weitaus
umfassendste Kapitel überschrieben, das sich mit
der so geheimnisvollen Anderswelt befasst: dem
Tod nämlich und dem Jenseits, dem Leben in einer
für uns so fremden Welt! Ein Fenster ist immer die
Öffnung zwischen Innen- und Außenwelt. Und wer
will, der kann hindurchsehen, auch rufen, im Ext-
remfall sogar einsteigen.

Während des Dritten Reiches ist in Schn. (der Ort
wird von Pater Frumentius lediglich mit dieser Ab-
kürzung bezeichnet – warum?) folgende unheimli-
che Geschichte passiert. Wörtlich sagt der Pater
dazu: »Ein Mann war daran, sich als Narr zu enga-
gieren.«

Was hatte er vor? Sicherlich nichts Gutes. Doch
Gott sah und erkannte seine Gedanken und wusste
auch, es gab einen Teil in der Seele dieses Menschen, der nun vollends abzugleiten drohte, und ein
Fenster – da war er ansprechbar und offen: seinen geliebten Sohn nämlich, der im Alter von nur einem
Jahr verstorben war! Der Schmerz über den Verlust

des kleinen Kerls hatte diesem Manne aus Schn. das Herz verschlossen; vielleicht war dies auch der Grund, dass er nun jeden Halt zu verlieren drohte. Oder gab es andere Gründe für dieses entsetzliche Familienschicksal?

So ging Adam H. nachts die Straße entlang und kam dann, schwer atmend, den Kirchberg herauf.

Ihm gegenüber lag dunkel die Friedhofsmauer, das schmiedeeiserne Tor stand diesmal allerdings offen.

In dem Moment kam ihm sein kleiner Sohn entgegen, schritt barfuß direkt auf ihn zu. Er musste wohl aus dem offenen Tor herausgetreten sein, hatte das weiße Totenhemd an und sah seinem Vater liebevoll, jedoch offensichtlich bittend, in die Augen. Wörtlich sei nun das wiedergegeben, was Pater Frumentius zitiert. Der Kleine sagte nämlich eindringlich: »Papa, tu das nicht!«

Diese Erscheinung des liebenswerten Kindes, das nochmals die Totenruhe verließ, um die Seele des eigenen Vaters zu retten, indem es ihn vor gewiss sündhaftem Handeln bewahrte, es tat seine volle Wirkung.

Der Vater ließ von seinem Vorhaben ab. Und nicht nur das: Nachdem er sich von dem Erlebnis erholt hatte, wurde aus ihm ein guter Mensch. Er half, wo er konnte, und versuchte ebenso, seine Mitmenschen positiv zu beeinflussen.

Mit Erscheinungen verstorbener Menschen muss sorgsam umgegangen werden – nicht nur mit der Erscheinung selbst, die sicherlich in jedem Falle aufrüttelnd ist und die gesamte Person erschüttert, bis in den tiefsten Seelengrund hinein. Auch die »Interpretation« solcher Vorkommnisse verlangt Feingefühl und Sachverstand. Ist es dämonischer Spuk, eine helfende Erscheinung – oder gar der Schutzengel in Gestalt eines bekannten Wesens? Pater Frumentius bemerkt in seinem geheimen Archiv: »Allerdings kann auch der Spuk abgeschiedener, verstorbener Menschen zuweilen Formen annehmen, die dem dämonischen Spuk nahe kommen. Die Unterscheidung mag manchmal schwer sein ...«

In dem vorliegenden Fall dürfte es sich aufgrund der absolut positiven Auswirkung keinesfalls um dämonischen Spuk gehandelt haben, sondern um das helfende Eingreifen von oben. Dem Schutzengel ist manchmal jedes Mittel recht, wenn er nur retten kann – vor allem die Seele seines Schützlings! Pater Frumentius: »Das Neue Testament berichtet des Öfteren vom Auftauchen und Wirken der Engel. Dieses Wirken ist immer nach einer Seite Offenbarung der Herrlichkeit und Macht Gottes, zugleich jedoch ein Eingreifen zum Heil des Menschen ...«

Ein Liebender
enttarnt Neid und Lüge

Sonntag, der 11. Februar 2001, war ein aus dem tiefsten Winkel des Kosmos strahlender Februartag, eben so ein gottseliger Tag, an dem der Frühling unvermutet und Leben spendend den Menschen einen lichtseligen Vorgeschmack schenkt auf das, was die kommende »Zeit des Lichts« bringen wird, sowohl in Bezug auf den Jahreslauf als auch das ewige Leben. Ellen hatte, weil das Wetter so schön war, einen guten Freund versetzt und war mit der Freundin Margit spontan nach Salzburg gefahren.

»Man muss flexibel sein«, hatte Margit argumentiert, »Franz wird dich verstehen.«

»Aber«, begann Ellen zu entgegnen, »Franz richtet sicherlich seinen Tag darauf ein.«

Doch die Freundin war willensstark und setzte sich durch. Salzburg!

Dort strahlte der Vorfrühling in noch hellerem Lichte als daheim, der spießigen kleinen Stadt bei Nürnberg.

Trotz des Lichts und der Helligkeit wurde Ellen jedoch nicht recht froh über all die Pracht. Und während sie mit der Freundin Margit den Mönchsberg emporschritt, dem verfrühten, aber umso wunderbareren Gesang der Vögel lauschte und den Blick über die Stadt hin zum gegenüberliegenden Kapuzinerberg auf sich wirken ließ, wurde sie das Gefühl nicht los, dass sie diese traumverwobenen Stunden auf Kosten eines anderen Menschen genoss.

»Was ist schon eine versprochene Einladung am Abend«, intonierte die Freundin ungefragt, zum dritten Mal an diesem Tag, »Franz wird sich damit abfinden, vielleicht ist er ganz froh und tröstet sich anderweitig.«

»Er sagte, er würde sich auf mich verlassen«, so Ellen.

»Sollst du vielleicht den ganzen Tag nur daheimsitzen und auf ihn warten? Welcher Mann ist das wert?«

»Darum geht es doch nicht.«

»Worum geht es dann? Lebe dein Leben. Dein Wille ist das Gesetz. Tu, was du willst.«

»Das klingt eher teuflisch als klug«, warf Ellen ein.

»Blödsinn. Genieße die Stadt, den Tag, deinen Tag. Mach dich niemals von einem Menschen abhängig. Ich lade dich ein. Unten beim Müllner Bräu …«

So schön der Tag leuchtete, das Thema der Unterhaltungen wurde dennoch zu keiner Sekunde positiv. Leitthema war und blieb, man solle tun, wonach einem der Sinn stünde, und diese eigenartige Konversation war unterlegt mit handfesten Gedanken des Neides.

Margit neidete alles, was andere hatten und taten, sie war jedoch klug genug, sich derart subtil darüber lächerlich zu machen, dass die schlechte Gesinnung verborgen blieb. Eher klang alles wie geistreiche, witzig vorgetragene Gesellschaftskritik. Überhaupt, die Kunst das Lächerlich-Machens ...

Als schließlich auf einer der herrlich gelegenen Bänkchen ein Paar saß, dem man ansah, dass es sich liebte und diese wunderbare Stimmung durch die Zweisamkeit ins Unendliche zu steigern vermochte, da schwoll aus Margit ein wahres Crescendo von Witzigkeiten, Sticheleien, parodistischen Einlagen über den Fluch von Partnerschaften. »Einsamkeit zu zweit, haha!«

Ellen ertappte sich dabei, dass sie »mit-tat«, doch irgendwo in ihrem Inneren ...

Wie erstaunt war sie, als der junge Mann sich erhob, auf sie zuging und sagte: »Was ist eigentlich Neid?«

Ellen traute ihren Ohren nicht, denn das Paar saß vorhin so weit weg, dass ein Mithören des Gespräches, das sie mit Margit geführt hatte, unmöglich gewesen war.

»Warum ärgert es den Menschen, wenn der andere hat, was ich selbst nicht habe?«, fragte der Mann erneut: »Glück? Geld? Liebe?«

Dabei blieb er immer freundlich, einnehmend freundlich sogar, irgendwie faszinierend – ja, eher strahlte er Liebe aus als pädagogische Rechthaberei. Er wirkte bei allem, was er sagte und tat, unwirklich schön. Auch seine Freundin, die sich umgewandt hatte, schien im Sonnenschein wie von Strahlen umkränzt.

»Wenn ich andere beneide«, so der Mann, »dann gebe ich diesen Menschen oder Wesenheiten Macht über mich. Dann mache ich den anderen glattweg zum Gott, weil ich ihn größer mache, als ein Mensch sein kann. Das ist Sünde. Oder?«

Was meinte er? Warum richtete er das Wort so unverwandt an eine ihm fremde Frau? Trotzdem, solange er sprach, ging es Ellen besser als den ganzen Tag zuvor.

»Indem wir kritisieren, machen wir uns zu Sklaven von denjenigen, die wir anschwärzen«, fuhr die Lichtgestalt fort, »wir werden Untertanen derer, über die wir uns stellen wollen.«

Ellen stand mit offenem Mund.

»Kritik ist eine Form der Lüge. Überhaupt das Wort. Es sollte wahr sein und eingehalten werden.«

»O weh«, dachte Ellen.

Plötzlich war der junge Mann nicht mehr da. Ellen blickte zur Parkbank. Auch seine Freundin blieb verschwunden.

Doch das war nun auch einerlei, denn Ellen wusste, was sie zu tun hatte.

Wieder eine jener Schutzengel-Manifestationen, in denen der Bote Gottes im wahrsten Sinne des Wortes Gestalt annimmt. In diesem Falle wirkt er reini-

gend in eine scheinbar unbedeutende Alltags-Ver-
fehlung hinein. Den Neidfaktor, der bei der Freundin Ellens ausschlaggebend ist, erkennt er im An-
satz und weist unerbittlich darauf hin. Letztlich
wäre Gottes Stimme immer zu hören, auch im All-
tag. Wer Ohren hat zu hören, der höre! Frumentius
sagt wörtlich: »Es mag auch das geschehen, dass
Gott selbst sich einem Menschen in besonderer
Weise offenbart, sozusagen ein Signalzeichen setzt,
dass dieser Mensch, falls er gutwillig ist, den Weg
findet ...«

LICHTGESTALTEN IM KRANKENHAUS

Von Johannes Dei, »Stüffter deß Ordens der Barmhertzigkeit«, also der Barmherzigen Brüder, ist überliefert, dass dieser gar oft mit dem Schutzengel in Verbindung gestanden ist.

So begab er sich eines Abends in die große Halle des Hospitals, in der viel zu viele Kranke, die auf rohen Bettgestellen notdürftig gebettet waren, flehentlich auf Hilfe warteten, auch hie und da schrien oder leise um Beistand flehten. Es war allerdings nicht genügend Personal da, um diese umfangreichen und verantwortungsvollen Aufgaben zu bewerkstelligen.

Johannes machte sich, so gut es eben ging, an die Arbeit, langte hier tüchtig zu und legte dort Hand an, doch er sah, je mehr er sich mühte, dass er einfach auf verlorenem Posten stand.

Die wenigen hingabevollen Brüder, die mit ihm zusammen arbeiteten, taten ihr Bestes, doch es gab einfach zu viel Leid zu behandeln. Ganz zu schweigen von den übernotwendigen guten Worten, die Bettlägrige aller Zeiten brauchen wie Nahrung, frische Luft, Salben oder frisches Wasser.

Johannes betete um Beistand: »Herr, lass mich nicht allein, dieser armen Menschen willen!«

Da waren Engel zur Stelle, die sich an seine Seite stellten und mit Umsicht, Liebe und nicht ohne sichtliche Fachkenntnisse im »Pflegedienst« die dankbaren Kranken versahen. Und nicht nur das. Johannes konnte beobachten, wie den armen Kerlen himmlischer Trost zuteil ward, in wohlgesetzten heilenden Worten, jedoch auch in einer Art Engelsmusik: heilenden Schwingungen, von denen der Raum erfüllt war. Bald wich das Jammern, Stöhnen, Schreien einem tiefen Frieden. Viele waren eingeschlafen, hatten gute und heilende Träume oder einfach keine Angst mehr, wie es weitergehen könnte!

»… brauchet immerdar der Englen Huelff zur Pflege der Krancken/presthafften Leuth: dann der H. Ertz-Engel Raphael/den die Kirchen für ein Artzney Gottes verdolmetschet …«, so wird der Erzengel Raffael, der hier als Schutzengel im Sinne einer liebevollen Krankenschwester Dienst tat, beschrieben. Ja, sogar »Pflaster« wurden »auffgestrichen« und die Engel »seynd ihme als Schad-Arzten (Notärzte?) beygestanden.«

Dann wurde die Situation plötzlich wieder ernst! Denn ein Operierter, der sich selbst zum Waschtrog geschleppt hatte, war in denselben gefallen und drohte zu ertrinken. Johannes und seine Mitbrüder schafften es nicht, den schweren und unbeholfenen Körper wieder herauszuziehen.

»Gott, hilf ...«

Schon war der Schutzengel zur Stelle und ... »hilft ihme einen ins Wasser gefallenen Krancken herauß tragen: als er bey Nacht die Krancke zu pflegen außgangen/haben ihme die Engel sichtbar vorgeleuchtet.«

Die Schutzengel sind hier Lichtträger. Das Licht der Liebe und der Schöpfung, geistig wie spirituell, ist einfach stark genug, um sich beizeiten auch zu materialisieren. Licht ist aufgelöste Materie, so wie Materie komprimiertes Licht darstellt.
Und was sind Engel anderes, als göttliche (Licht-) Energie, die sich zur rechten Zeit verdichtet zu helfendem Sein?

»Der Bote, der an mich redet, kehrte sich um (...)
Und ich sprach:
Ich habe gesehn
da, ein Leuchter, golden ganz,
und seine Kugelampel ihm zuhäupten,
und seine sieben Lichte darauf: sieben ...«
(Sacharija 4,1-3)

DAS VERHINDERTE
REINIGUNGSRITUAL

Sieglind F., eine Schülerin der zwölften Klasse, erzählt folgende Geschichte:
»Wir [meine Freundinnen und ich] gerieten mehr und mehr in den Sog satanischer Welten und Einflüsse. Zuerst noch spielerisch, einer eher dümmlichen Neugierde folgend, dann immer zwingender, mit dieser sonderlichen Faszination, die gleichwohl anzieht, als auch abschreckt.
Schließlich war es jedoch ein handfester, gewaltiger Zwang, der mich, der uns alle nötigte mitzumachen ...
Keiner aus unserer Gruppe kann heute noch sagen, wie es denn so weit kommen konnte. Wir hatten uns an jenem Abend am Ufer des dunklen Moorsees verabredet. Jeder sollte Kerzen mitbringen, Alkohol, Kräuter, Gewürze.
Was dann geschah, das wirkte zunächst eher einladend und naturverherrlichend. Die in eine schwarze, wallende Kutte gekleidete Priesterin begann mit einem so genannten Reinigungsritual: Sie beugte sich in alle vier Himmelsrichtungen, dankte den Elementen Feuer, Wasser, Luft und Erde ... dann die

Düfte, die dem hochgehaltenen Räucherschälchen entströmten! Alles war wunderbar ...

Doch da!

Ich sah genau, wie aus dem Uferdickicht gleich neben der Feuerstelle unweit vom Ufer drei Mäuse hervorkrochen und mich unverwandt ansahen!

Seit wann sind diese Tiere so zutraulich? Seit wann halten Mäuse Blickkontakt? War es um meine gesunde Geisteskraft und Wahrnehmungsfähigkeit in diesem Moment schon geschehen?

Mir wurden die Kräfte, so wie sie hier an der magischen Feuerstelle herrschten und offensichtlich durch ein gezieltes Ritual hervorgerufen wurden, zu viel.

Ich begann zu beten – vielmehr ich wollte es.

Doch es ging nicht. Ich konnte nicht beten! Zu sehr waren mein Geist, meine Faszination gefangen von dem, was hier vor sich ging.

Weg wollte ich, nichts wie weg. Was würde noch folgen an diesem Abend! Mir grauste.

Aber ich saß still da, das Feuer loderte immer höher, die Priesterin setzte ihr Reinigungsritual an mir fort.

Warum konnte ich mich nicht auf Gott konzentrieren: Ich machte einen erneuten Versuch zu beten.

Das Feuer loderte höher und höher.

›Schutzengel, hilf!‹

Tatsächlich gelang es mir, an den Schutzengel zu denken.

›Schutzengel, erlöse mich aus dieser schrecklichen Situation, ich will weg von diesem Höllenfeuer!‹

Mehr und mehr machte sich vom See her sehr starker Wind bemerkbar. Zunächst als unheimliches Wehen und Brausen, das dem gesamten Hexenritual erst die richtige Stimmung zu verleihen schien. Dann wurde der Wind stärker, fordernder.

Ein fetter Regentropfen platzte auf meiner Handfläche. Sturm kam auf, ein gefährlicher Gewittersturm. Bald prasselte der Regen wie bei einer Sintflut. Das Feuer duckte sich ärgerlich weg, züngelte wütend, erstarb zur qualmenden, rauchig stinkenden Vergangenheitsform. Der Reinigungskelch der Priesterin ging zuerst aus.

Die Priesterin fluchte.

Die Mäuse waren weg.

Der ganze Haufen von Hexen und Satansanbetern floh vor dem vom Himmel herabstürzenden Wasser und den grell aufzuckenden Blitzen, denen krachender, unmittelbarer Donner folgte.

Jeder rannte in einen anderen Unterschlupf oder floh in eines der in unmittelbarer Nähe geparkten Autos. Der kleine Wagen, in dem ich nun saß, war zum Glück mit besonnenen Hexen gefüllt: ›Fahren wir lieber heim.‹

Ich war der Zeremonie entkommen. Unmittelbar nach meinem ehrlichen, flehentlichen Schutzengelgebet.

Danke, Schutzengel!«

Neben Schutzengeln gibt es auch Schutzgeister. Diese guten Geister gehören zu Gottes mächtiger Schutztruppe, die uns Menschen (wenn wir es denn wollen) vor Angriffen des Bösen oder Versuchungen schützen. In vorgehender Geschichte ist es fast schon zu spät. Doch Hilfe ist immer möglich – für den, der ehrlich sucht.

Frumentius spricht in seinem geheimen Archiv von »Wesen, Wesenheiten, die an sich unsichtbar sind und die mit den Kräften und Fähigkeiten des Geistes ausgestattet sind«. Und weiter sagt er: »Also Geistwesen, die unabhängig vom Raum existieren, die auch von der Zeit unabhängig sind, aber vielleicht mit ungeheuren Kräften ...«

Engel
als Lichtgestalt

DAS LICHT
FÜR DEN GLAUBEN

»Allerley Englische Geschichten/Nach Ordnung der einfallenden Tag und Monat deß gantzen Jahrs: Jenner oder Schnee-Monat.«

So ist die folgende Geschichte überschrieben, die in einem immens wertvollen, selten vorgelegten Druckwerk des Jahres 1727 auftaucht.

»St. Concordius, ein Priester und Martyr zu Spoleto, wird ernstlich mit Prügeln hart geschlagen«, so beginnt der traurige Bericht.

Indes, der arme Concordius musste noch wesentlich mehr erleiden! Nachdem er ausgiebig mit langen Stangen geprügelt worden war, bekam er erst »die Folter« in ihrem ganzen Ausmaß zu spüren.

Nun quälte man St. Concordius, bis er fast tot war, dann aber ließ man ihn leben, um seine Tortur zu verlängern. Man schenkte ihm Stunden seines Lebens, lediglich, um ihn im Leid allein zu lassen und dies Leid hinauszuzögern. Was für ein Denken.

Aber da …

Der für seinen unerschütterlichen Glauben Geschundene vernahm, wiewohl fast wahnsinnig durch Verletzungen an Körper und Geist (nicht der Seele!), die allerherrlichste Engelsmusik:

»Ehr sey Gott in der Höhe
und auf Erd Fried denen
Menschen von guten Willen …«

Siehe! Da war auch ein ganz wunderbares Licht um ihn herum. Selbst wenn er die Augen schloss, sah er den hellen Schein, der euphorisierend auf ihn wirkte und ihn sonderbarerweise, trotz der ausweglosen Situation, fröhlich machte. Concordius vergaß alle Schmerzen und alles Leid.

Trotzdem war sein Ende recht traurig – aus menschlicher Sicht: Man brachte ihn endgültig um. Trotz der himmlischen Tröstung, die ihn alles, was mit ihm geschah, vergessen ließ, hat er (so die alte Chronik) »durch außgestandenen Schwerdtstreich sein Leben geendiget«. Was hat's ihn noch gekümmert, bei so viel himmlischem Trost?

Wenn die Not am größten ist, dann ist Gottes Hilf' am nächsten. Wenn dies dem profanen Leser etwas wenig erscheinen mag: Für den frommen Märtyrer war durch des Himmels Trost sicher, dass er dem ewigen Leben bereits auf Erden nahe war. Die hohe Schwingung des Lichts half ihm, auch in seiner ausweglosen Situation bei Gott zu sein. Schutzengel manifestieren sich als Lichtwesen und helfen mit ihrer Schwingung, das Eigentliche zu erkennen.

Da der Schutzengel auch für »gute Gedanken« zuständig ist, schützt er den Gefolterten vor Verzagen am Ende der Qualen, ja belohnt sogar durch Entrückung.

»Fragst du nach seiner Natur, so ist er ein Geist; fragst du nach dem Amt, so ist er ein Engel; seinem Wesen nach ein Geist, seinem Handeln nach ein Engel« (Psalm 103,1,15). Wieder zeigt sich: Engel sind Diener und Boten Gottes.

Ein bildschöner Knabe
wider den Dämon

Ludwig, ein Jüngling aus »Paraquaia«, musste schrecklich leiden, weil er sich schämte, eine begangene Schandtat zu beichten. Er verschwieg sie lieber und war furchtbaren Seelenqualen ausgesetzt, denn die Gnade des Herrn konnte ihm lange nicht helfen. Bis dann eines Tages …

So wie immer, wenn einer mit der Wahrheit des tiefsten Seelengrundes nicht recht heraus will, wird wohl übersteigerter Stolz im Hintergrund geherrscht haben, fehlende Demut; heute würden wir sagen, das Ego des Jünglings war viel zu aufgeblasen.

Welche Verfehlung der junge Sünder da für sich behalten hat, wird im überlieferten Text nicht verraten.

Dann trat jedoch der Dämon persönlich auf, denn das fehlende Reinigen der Seele, das Nicht-Loswerden von Schuld durch Aussprechen (wörtlich: aussprechen!), wie es im Christentum die Beichte vorsieht, dieses Verhaftetsein mit der Materie öffnete den erdgebundenen Geistern Tür und Tor.

Und der Dämon kannte keinen Spaß. Zu schwer war die Sünde Ludwigs, als dass der Teufel seine Chance

nicht erkannt hätte, vor allem nach der nicht statt-
gefundenen Beichte. Der Jüngling geriet nun in
äußerste Lebensgefahr. Diese Bedrohung des Da-
seins erschien in Gestalt eines bösartigen Gespens-
tes. Das Unwesen machte sich unverwandt daran,
Ludwig umzubringen. Die Nächte wurden zum Albtraum.

So auch in dieser Nacht. Ludwig wälzte sich hin und
her, konnte keinen Schlaf finden.

Da!

Schon war sie wieder da, kurz vor zwölf, diese entsetzliche Wesenheit!

Tückische, bösartige Augen sahen Ludwig an und
der tödliche Blick einer schlimmen Manifestation
wollte sich einfach nicht von ihm lösen. Er sog alle
Energie förmlich aus Ludwig heraus!

Trotzdem konnte der den Blick nicht wenden – die
magische Kraft des Bösen verstand ihr Spiel nur allzu gut.

Ludwig nahm alle Willenskraft zusammen – indes,
der Dämon hatte längst auch seinen Willen besetzt.

Doch der Gedanke an die rettende göttliche Macht
blieb, für eine Sekunde: »Schutzengel, hilf!«

Genau in dem Moment, da er es gedacht hatte, erschien der Engel ihm, in Gestalt eines überaus schönen Knaben, der »ware auff dem Haupt mit einer
guldenen/und von Edelgesteinen köstlichst besetz-
ten Cron geziehret; /in der rechten Hand tragete er
ein Leinwath«.

Und der Dämon musste augenblicklich weichen.

Poetisch und respektvoll beschreibt der alte Text den Schutzengel in Gestalt eines bildschönen Knaben.

Dieser Junge mit der Leinwand in der Hand, mit einem wunder-wirksamen Stück Stoff also, der forderte sein an der Seele erkranktes Gegenüber auf, die Tränen zu trocknen.

Der Jüngling, geschwächt von der nicht ausgesprochenen Sünde und dem Dämon, der an seinem Lebensnerv gezogen hatte, brach nach der Erscheinung des Engelsknaben so hemmungslos in Tränen der Buße und der Rührung aus, dass er daran fast gestorben wäre!

Und plötzlich war der Engel verschwunden.

Der Jüngling Ludwig behielt jedoch das Stückchen Leinwand in der Hand, wollte den Stoff gar nie mehr loslassen – fassungslos über die ihm erwiesene Gnade. Die echte Reue hatte diesen Gnadenakt Gottes zugelassen.

Seine Erleichterung war unbeschreiblich.

Die Sünden blieben ihm vergeben und der Schutzengel hatte ihm dabei geholfen!

Er vergaß dies nie und dankte jeden Tag.

In dieser sehr poetischen Schutzengelgeschichte wird wieder die Wichtigkeit des Sakramentes, in vorliegendem Falle des Sakramentes der Buße, betont. Der Schutzengel erscheint körperlich, in Form

eines bildhübschen Knaben, allein solche Ästhetik
(Gottes Schöpfung ist von strahlender Schönheit)
setzt der absoluten Negativ-Existenz des todwol-
lenden Dämons ein siegreiches Pendant entgegen. –
Was ist »Sünde«? Zumeist schwere Schädigung des
Mitmenschen. Wem der Jüngling so sehr geschadet
hat, wissen wir nicht, doch alles kam »spiegel-bild-
lich«, auf ihn zurück.

Das Stück Tuch, die Leinwand, bedeutet das Ding-
symbol der Reinigung: So trägt die Geschichte gar
novellistischen Charakter. Pater Frumentius sagt:
»Die epidemisch um sich greifende Ehrfurchtslosig-
keit und Verständnislosigkeit gegenüber allem Heiligen ist schuld daran, dass uns der gläubige Sinn
für Wert und Wirkung der Sakramente weithin ab-
handen gekommen ist. Wie in dem Falle Ludwigs
kann das Sakrament die seelische und körperliche
Gesundheit vorteilhaft beeinflussen.«

Interessant in dem Text auch die »Be-zeugung«
durch das verbliebene Stückchen Tuch. Alles ist
wahr: »Nachdeme aber der Engel widerumb ver-
schwunden/ware er mit einem himmlischen Trost
erfüllet/und das Faciletlein ware ihme zur Zeugnuß
der Englischen Bekehrung in der Hand gebliben ...«

CHANCE FÜR EIN BESSERES LEBEN

Die folgende Geschichte wurde Pater Frumentius
von Lydia erzählt, nachdem er ihr ein Fläschchen geweihtes Öl geschenkt hatte. Es war die Geschichte
ihres Vaters Xenon, der in Polen lebte.

»Mein Vater trank seit seiner frühen Jugend«, erzählte Lydia, die fließend Deutsch spricht und hier
eine gute Arbeitsstelle hat. Dann schloss sie die Augen, konzentrierte sich und die Geschichte sprudelte aus ihr: »Ich bin sehr katholisch, wie meine ganze
Familie. Mein Vater ... der Trinker ... der Schutzengel ...«

»Von vorn, liebe Lydia«, sagte Pater Frumentius liebevoll, »immer der Reihe nach!«

Und sie begann noch einmal.

»Eines Tages lag mein Vater in seiner Wohnung auf
dem Flur, das heißt, genauer, er lag zwischen Wohnung und Treppenflur, also quer über der Tür-
schwelle. Die Hausbewohner haben ihn oft so liegen
sehen, volltrunken, diesmal war es jedoch ein Blut-
sturz. Er war eher tot als lebendig.

Am zweiten Tag sagte einer im Haus: ›Das ist doch
ungewöhnlich. So lange haben wir ihn noch nie lie-

gen sehen. Komm, lass uns einen Krankenwagen rufen!‹

Gesagt, getan. Es kamen die Sanitäter, die nahmen ihn mit.« Die Erzählerin der Geschichte seufzte und fuhr fort: »Von da an muss der Schutzengel mit im Spiel gewesen sein: Kurz darauf brachten die rauen Burschen vom Sanitätsdienst den halb toten Vater wieder. ›Der stirbt bald‹, sagte einer, ›soll er hier in der vertrauten Wohnung das Zeitliche segnen, statt bei uns im Wagen oder im Krankenhaus. Das spart uns sehr viele Scherereien und auch den Papierkrieg – und ihm erspart es die fremde Umgebung.‹

Und da lag er wieder. Ein Vierteljahr. Wie tot und doch nicht tot.

Eines Tages sah ich am Fußende des Krankenlagers den Engel. Und Vater richtete sich auf, er war wieder bei Sinnen. ›War ich tot?‹, fragte er. Und er hörte vom Engel die Antwort: ›Nein, noch nicht, doch nütze die Chance.‹

Das tat er – eine Zeit lang. Dann fand er Spiritus in der Wohnung, Putzmittel, das meine Schwester für Fensterscheiben verwendete. Er trank die Flasche in einem Zug leer. Diesmal war's ganz schlimm – wenn eine Steigerung von schlimm bei ihm überhaupt noch möglich war. Und in diesem Falle konnten wir den Schutzengel beide sehen, er und ich.

Es war, als würde sich die Lichtgestalt aus Vaters am Boden liegendem Körper erheben. Dann sagte der

Engel, nur für Vater verständlich: ›Jetzt ist deine letzte Gelegenheit, eine andere gibt es nicht mehr!‹
Als mein Vater sich von dieser verheerenden Vergiftung erholt hatte, war er wie ausgewechselt.
Er trank nie mehr und lebte noch sieben Jahre lang. Trocken, glücklich und stets bemüht, den immensen Schaden, den er angerichtet hatte, gutzumachen – so gut er eben konnte!
Ihm war ein menschlicher Tod beschieden, ohne den furchtbaren Einfluss der Droge Alkohol. Auf dem Sterbebett hat er mich gesegnet und mir gesagt, ich sei sein Engel auf Erden gewesen.«

Statt eines Kommentars ein Segensspruch aus Pater Frumentius' Werk »Christi gewaltige Macht«:
»Der Segen † des Vaters; die Liebe † des Sohnes und die Kraft † des Heiligen Geistes; der mütterliche Schutz der Himmelskönigin, die Vatermacht des heiligen Josef, der Beistand der heiligen Engel und die Fürbitte der Heiligen † sei mit uns und begleite uns überall und allezeit! Amen.
(Der Leser möge sich an diesen Stellen bekreuzigen.)

DAS LICHT
IN FINSTRER NACHT

Abt Albanus befand sich dereinst auf einer langen Reise mitsamt seinen Mönchen, hundertundfünfzig an der Zahl.

Die Quelle schweigt sich aus über Sinn und Ziel der Reise, es wird sich wohl um eine Pilgerfahrt gehandelt haben.

Außerdem überwog die fromme Gesinnung vor praktischer Planung; man war zu wenig gerüstet, denn alle miteinander wurden »auf einer Reyß von der finsteren Nacht überfallen«.

So der Wortlaut der Überlieferung.

Und das war gar nicht lustig: Abt Alban hatte schon ein ungutes Gefühl, als der Tag sich senkte und eine Mondsichel schneidend scharf in den noch blauen Himmel sich zeichnete.

Es war April, die Nächte konnten sehr kalt sein, ganz in der Nähe floss die Donau, schwer, erhaben und um diese Tageszeit eher drohend als lieblich anzusehen. Die Mönche hatten gehofft, ein stromabwärts gleitendes Schiff würde sie mitnehmen, doch die Hoffnung hatte sich leider nicht erfüllt.

Sicher, die Mönche beteten unablässig und beten hilft! Aber, so dachte der Abt verzweifelt, man sollte neben dem Beten sicherlich auch praktisch denken. Diese Reise war viel zu wenig geplant! Wo befanden sie sich eigentlich? Vermutlich in der Gegend der Wachau. Irgendwann würde die Nacht da sein. Sollten sie nicht besser einen Schlafplatz ...?

Dann war es dunkel, urplötzlich. Die Mönche froren bitterlich und fielen in dumpfe Verzweiflung. Es blieb gar nichts anderes übrig, als unter freiem Himmel zu übernachten!

Was eigentlich ein schönes Erlebnis hätte werden können, entwickelte sich mehr und mehr zum Fiasko.

Nackte Todesangst machte sich breit. Denn nun war es so dunkel geworden und der Weg derart holprig, dass keiner sehen konnte, wo er hintrat, alle froren und einer aus der hilflosen Schar drohte gar in die Donau zu stürzen: »Hilfe, helft mir!«, schrie Remigius, der Gärtnerbruder. Er war, nach einem Fehltritt, über die Böschung geraten, der rechte Fuß sackte ins Leere, er verlor den Halt ... zehn Meter weiter unten, schwarz und silbrig, wälzte sich der tiefe Strom!

Aber irgendwo stand hilfreich eine Birke mit hellem Stamm, an der zog der entnervte Bruder sich mit letzter Kraft hoch.

Nun war Panik allenthalben.

»Wir werden sterben! Ertrinken! Erfrieren!«

Es stellte sich bald heraus: Kein Einziger hatte für diesen Fall, dass die Nacht überraschend einbrach, Kerzen oder Fackeln dabei.

Der desolate Mönchshaufen samt dem wenig umsichtigen und vorausplanenden Abt (welcher Orden das war, wird nicht verraten) wäre wohl jämmerlich in alle Nachtwinde zerstreut worden und erfroren, wenn nicht ...

»Da kame alsobalden ein Engel/brachte ein angezuendete/wie Gold glantzende Kertzen/gabe sie dem Altvatter Alban in die Hand: Alle waren/wie von einem Tag beleuchtet ...«

Nun, nach diesem Eingriff eines hilfreichen Schutzengels, der »das Licht trug«, konnten sie sich alle ein leidlich sicheres Plätzchen abseits der Donauböschung suchen, konnten die Decken aus dem Marschgepäck hervorkramen und sich wärmend zusammenkuscheln. Eisig kalt war's trotzdem. Doch alle schliefen friedlich und träumten gottergeben – bis ein sonnenklarer Morgen sie liebevoll weckte.

Wie schön ist die sonnengoldene Donau anzusehen, jetzt, beim Leben spendenden Schein der Morgensonne. Jeder aus der frommen Schar hatte die Nacht überlebt: außer roten Nasen kein weiterer Schaden.

Der Abt Alban steckte die Wunderkerze, die er immer noch bei sich hatte, in den Tragesack. »Was für eine herrliche Reliquie«, dachte er bei sich.

Als die Mönche dann jedoch nach herrlichem Marsch durch die Wachau in der Nähe von Dürnstein bei einer kleinen Kirche ankamen, Dankgebete sprachen und der Abt die himmlische Kerze für das eigene Kloster behalten wollte als Andenken, Reliquie, Sakramentale, was geschah nun?

Da stand wieder der Schutzengel vor ihnen und forderte das überirdische Überlebensgerät zurück! Unglaublich, aber wahr: »der Engel begehrte und nambe sie auß seiner (des Abtes) Hand/unnd verschwande vor dem Hoch-Altar in ihrem Angesicht.«

Das war's. Der Schutzengel, der ihnen so herrlich das Leben gerettet hatte, nahm die Lebensrettungs-Kerze einfach wieder zurück!

Vielleicht sollen wir daraus lernen, dass es auch auf materieller Ebene besondere himmlische Gegenstände gibt, die jedoch nicht zum Besitzenwollen bestimmt sind. Das wirklich Wertvolle entzieht sich der weltlichen Ebene.

Zunächst eine typische Schutzengelgeschichte: Der »unerwartete Helfer«, diesmal allerdings nicht in Menschen-, sondern in klassischer Engelsgestalt. Er ist wort-wörtlich ein Licht-Träger!

Und wieder das so typische Verschwinden des Schutzengels nach getaner Arbeit. Wir sehen es an vielen Geschichten in diesem Buch: Engel sind scheu und im Gegensatz zum Menschen niemals publicity-

süchtig. Pater Frumentius hat immer wieder darauf hingewiesen, heilige Zeichen zu beachten und zu lesen: hier die Licht-Kerze (Glaube) in finsterer Nacht (Unglaube).

»... gewandet mit einer Wolke und den Regenbogen über seinem Kopf; sein Gesicht wie die Sonne; seine Füße wie Feuersäulen ...«
(Offenbarung des Johannes 10,1-2)

Der Schutzengel als Liebesbote

DER GOLDSTEIN FÜRS LEBEN

Melanie Goldstein, eine gepflegte ältere Dame, hat ihren Mann fürs Leben gefunden. Kennt sie ihn doch schon bald fünfzig Jahre! Lange genug, möchte man meinen. Wenn sie ihre Geschichte erzählt, leuchten ihre Augen, als wolle die gesamte Schöpfung sich in dem tiefen Blau ihrer reinen Seele spiegeln.

Ihre Liebesgeschichte verlief auch tatsächlich recht ungewöhnlich, weil der Schutzengel mit im Spiel war, ein äußerst wohlwollender Gottesbote. Und das trug sich folgendermaßen zu …

Melanie war ein sehr ansprechendes Mädchen, jung, schlank, blond; ihr federnder Gang verriet Lebensfreude pur und sie war wirklich der Stolz ihres Vaters Raffael Goldstein. Umstände des Lebens brachten sie mitsamt ihren Eltern nach Hamburg. Dort, mit siebzehn Jahren, verliebte sie sich unsterblich in einen jungen Mann: Frederic.

Der fand sie nett, ging wie ein wahrer Gentleman mit ihr um und erklärte ihr ehrlich, dass er bald heiraten werde. Allerdings nicht sie, Melanie, sondern Gerda! Teils aus geschäftlichem Interesse drängte es ihn zu diesem Schritt, zum großen Teil jedoch auch, wie er offen zugab, aus Zuneigung. Melanies Herz wäre fast zersprungen vor Schmerz, doch ihre Liebe war so echt, dass sie Frederic Glück wünschte. Und dieser Wunsch war aufrichtig.

»Nimm diesen kleinen Stein, der so eigenartig wie Gold glänzt: Er wird dich immer an Fräulein Goldstein erinnern«, das sagte sie, die Tränen unterdrückend, denn der geliebte Mann hatte immer liebevoll von ihr als »das Fräulein Goldstein« gesprochen.

Und sie betete zum Schutzengel, er möge glücklich werden.

Frederic bedankte sich so nett wie immer, gab ihr einen Kuss auf die Wange und steckte den Goldstein in seinen Geldbeutel.

Das geschah in einem herrlichen Sommer. Und es ward Herbst und dann kam der Winter und wieder regte der Frühling sich. Die Jahre zogen ins Land, Menschen kamen und gingen und die Zeit tat ihr unaufhaltsames Werk.

Frederics Ehe war gut und von zwei gesunden Kindern gesegnet, beruflich gelang ihm alles, was er anstrebte. Als die Kinder erwachsen waren, starb seine Frau.

In seinem ohnmächtigen Schmerz begann er zum Schutzengel zu beten, dieser möge ihn vor dummen Gedanken bewahren. Denn dieses Leben hatte für ihn jeden Sinn verloren. Die Einsamkeit war für ihn, den Anlehnungsbedürftigen, unerträglich.

Er stieg auf eine Anhöhe, die von einer herrlichen Marienkapelle gekrönt ist, ganz in der Nähe des Starnberger Sees in Oberbayern. Dort traf er »zufällig« einen Freund, der ihn einlud in ein Haus im Taunus: »Damit du auf andere Gedanken kommst!« Frederic folgte der Einladung. An einem kalten, sonnenhellen Januartag besichtigte er die Festung Eppstein im Taunus.

Und traf dort Melanie.

Aus dieser erneuten zufälligen Begegnung wurde bald die alte Herzensverbindung, die es vor so vielen Jahren schon gegeben hatte. Er heiratete die Frau, für die er zugleich Jugendliebe und »Liebe des Lebens« war und er erkannte dankbar, dass Gott ihn hierher geführt hatte.

»Täglich habe ich für dich gebetet«, sagte Melanie irgendwann am Kaminfeuer und kuschelte sich noch näher an ihn. »Weißt du noch? Der goldene Stein, der dich an meinen Namen erinnern sollte?« Frederic zog seine Geldbörse hervor und zeigte ihr eben diesen glitzernden Stein, den sie ihm vor einem halben Menschenleben geschenkt hatte: »Ich habe ihn immer meinen ›Schutzengelstein‹ genannt. Jeden Tag war dein Goldstein bei mir«, gestand er.

Kann man da noch von Zufall reden?

Glaube und nochmals Glaube! Indem der geradlinige Frederic ein Leben lang an den Schutzengel glaubt, macht er diesem die Arbeit leicht. Schutz-

engel sind selbstverständlich bei der Partnersuche
allzu gerne hilfreich. Probieren Sie es: Beten Sie zu
Ihrem Schutzengel, er möge doch bitte mit dem
Engel des geliebten, besser: des zu liebenden Men-
schen reden ... genau jenem Menschen, den sie per-
sönlich im Moment vielleicht noch gar nicht ken-
nen gelernt haben. Glauben Sie fest daran. Es funk-
tioniert. Es funktioniert wirklich.
Liebe, in ihrer reinen und suchenden Form, ist gött-
lich, was sonst. Also wird Partnersuche, wenn sie
ehrlich ist, von Gott und seinen Kräften liebevoll
begleitet. Die Zeichen muss der Mensch sehen ler-
nen. Pater Frumentius in seinem geheimen Archiv:
»Nur wer sehen will, der sieht. (...) In unsere neues-
te Zeit hat Gott unübersehbare Zeichen gesetzt.«

EINE LIEBE,
DIE ALLES VERÄNDERTE

Marc Heinlein war am Aufbau einer weltweit erfolg-
reich operierenden Software-Firma maßgeblich beteiligt. Seine Studentenjahre hatte er in Silicon
Valley in den USA verbracht, dem Mecca der Sili-
con- und Halbleiter-Gläubigen.

Er wurde schnell und ohne Umstände reich. Auch
hatte er Freude und Erfüllung am Beruf, er verstand
sich auf komplexe Marketingstrategien, war team-
fähig – doch der aufreibende und erfolgsprogram-
mierte Beruf war unmerklich und schleichend in
Sucht und Abhängigkeit ausgeartet.

Dann aber stieg der Erfolg des inzwischen Einund-
vierzigjährigen ins Unermessliche, denn Marc er-
fand ein Anwendersystem: ein innovatives Schalen-
Gefüge, das dem am Bildschirm Suchenden das
benötigte Wissen aus optischen Schalen anbot, vir-
tuellen Schalen, von denen die eine sich, logisch
binär folgernd, in die nächste ergoss.

Der Markt reagierte; der Erfinder des Systems genoss die Lizenzen; als er eines Nachts jedoch selbst
wieder einmal seinen neuen Götzen anbetete und
mit dem Schalensystem spielte, da erschien auf

dem Bildschirm ein Bibeltext aus der Offenbarung des Johannes.

»Ich sah ein anderes Zeichen am Himmel, groß und wunderbar: sieben Engel mit den letzten sieben Plagen, worin sich der Zorn Gottes erschöpfen sollte. Ich sah etwas wie ein kristallenes Tier, mit Feuer gemischt und die Sieger über das Tier und sein Bild und die Zahl seines Namens ...« (Apk. 15,1-2)

Marc erschrak zu Tode. Kristall! Feuer! Tier! Zahl! Obwohl er sich nie mit Religion befasst hatte, ahnte er, dass hier er selbst samt seiner Ersatzreligion gemeint sein musste, dass es sich um eine Warnung handelte ... Denn die Zahl sollte »666« lauten, auch das wurde ihm gesagt und auf dieser magischen Zahl basierte sein gesamtes Denkgebäude.

Trotz des tiefen Schreckens fühlte er sich von irgendeiner von ihm nicht auszumachenden grenzenlosen Liebe umsorgt. Diese Liebe war so stark, dass sie sein ganzes Leben veränderte.

Er reagierte nicht spontan und überstürzt, sondern bedächtig, umsichtig und klug.

Bei einer zufälligen Besichtigung der Theatinerkirche in München fiel ihm der Schutzengelaltar an der rechten Seite des Innenraumes auf. Dieses monumentale Werk stellt den Schutzengel der Menschheit dar, über dem der Geist Gottes schwebt.

Marc verkaufte im Laufe der folgenden Jahre große Teile der Firma, ihm blieb noch genug, er lebt heute

in einem Haus am Ammersee und engagiert sich für
Kinder, die ohne Familie aufwachsen.

Die Liebe, die ihm damals begegnete, hat er nie wieder verloren. Er fand diese sogar auch bald in einer
wunderbaren Partnerin manifestiert.

Gott lohnte es fürsorglich und dankend, dass Marc
sogleich die erste Warnung, die ihn über den Engel
erreichte, ernst genommen hat.

Und gleich im Eingangsbereich seiner Villa mit See-
blick hängt ein Bild von einem Schutzengel, wie dieser eine Familie beschützt: Der himmlische Helfer
bewahrt vor allem, was vom rechten Weg abbringen
könnte!

*Dem Glauben an Engel als Beschützer und Beglei-
ter von Menschen begegnet man bereits in der
Bibel. Auch Jesus wird oftmals von heiligen Engeln
beschützt. Und in einem Heiligenkalender der
Theatinerkirche in München steht wissend und un-
terstützend, wir sollten diesen Glauben an den heiligen Engel auch heute nicht aufgeben, »trotz aller
Zeitgebundenheit«. Wie die Geschichte von Marc
zeigt, gehen Engel durchaus mit der Zeit.*

DIE VERHINDERTE EHE

Es war dereinst vor vielen hundert Jahren ein Mann, der fromm von Gesinnung war und auch fest an den Schutzengel glaubte. Marcellinus sein Name.

Die Chronik berichtet, dass dieser, bevor er zum Märtyrer und Heiligen wurde, sich ernsthaft in eine Frau verliebte! Und nicht nur das. Es kam ihm in dieser seiner Sinnenhaftigkeit auch ernsthaft der Gedanke zur Eheschließung.

Wen sollte das wundern, der das Objekt seiner Verliebtheit gesehen hatte? Adelheid hieß die junge Frau, sie war aus bestem Hause, klug und schön. Sie war von feinem Wesen und liebte den klugen und schönen, dazu sehr männlichen Abt wirklich.

Ihm ging es freilich nicht anders, er fand die himmlische Hochzeit, der er sein Leben gewidmet hatte, auf wunderbare Weise hier auf Erden angedeutet. Man darf es so ausdrücken: Die beiden passten vor Gott und der Welt zusammen.

Wirklich? Marcellinus war schließlich Abt, also Mönch in höchstem Range und geweihter Priester sowieso.

Doch die Liebe zu Adelheid war stärker.

Die beiden hatten sich unendlich viel zu sagen, standen auch bildungsmäßig auf einer Ebene und eines der Themen, das sie mehr faszinierte als Scholastik, Rosenkranz oder Bußkatalog – war das Thema Ehe.

Und Marcellinus versprach Adelheid dieselbe. Sie nahmen sich bei der Hand, ließen die Nacht den zarten Schleier über die Dächer breiten und versanken in all dem, was nur der Himmel ahnen lassen kann.

Der Schutzengel merkte die Gefahr und machte sich auf den Weg. Es mag durchaus sein, dass der Schutzengel, einfühlsam von Gemüt, für des Marcellinus Liebe tiefes Verständnis aufbrachte, vielleicht gar Wohlwollen. Doch er musste den frommen Mann davor bewahren, den dereinst geschworenen ewigen Bund mit Gott aufzugeben.

Es entspann sich eine regelrechte Zwiesprache zwischen dem Mönch und seinem Engel: »Nimm von deinen Ehegedanken Abstand, lieber Marcellinus!«

»Ich will aber gerne heiraten, denn als Mönch fühle ich mich einsam, seit ich Adelheid kenne … immer dann, wenn sie nicht da ist …«, soll der Gottesmann seinem Engel geantwortet haben.

Gefahr der Vereinsamung! Da rettete ihn der einfühlsame Schutzengel aus der drohenden Ehe durch die Gesellschaft zahlreicher Mit-Engel. Hören wir den Wortlaut der Chronik: Marcellinus »wird freundlichen von den Engeln begleytet /als er dem angetragenen Ehestand auszuweichen/in die Wüsten ist geflohen …«

In die Wüste? Vielleicht nicht wortwörtlich. Im Sprachgebrauch der Religionen steht Wüste gar oft für innere Einkehr, auch Nähe zu Gott, Ort ohne Ablenkung und Ähnliches.

Aus rein religiöser Sicht hat sich die Arbeit des Schutzengels gelohnt. Marcellinus wird, so heißt es »von dem Hl. Ertz-Engel Michael/und unzahlbar vil anderen Engelen in den Himmel mit Freuden einge-fuehret«.

Himmlischer Lohn also für entbehrte Erdenliebe.

Schutzengel
gehen mit der Zeit

DER BILDSCHIRM-ENGEL

Die folgende Schutzengelgeschichte ist neu, spielt im Jahre 2000 und zeigt, dass der Schutzengel die verschiedensten Möglichkeiten nutzen kann, um ins Bewusstsein zu dringen. Wir wissen: Er erscheint manchmal in Gestalt eines Menschen, er tritt dann wieder als innere Stimme auf, als Vision ... aber auch die moderne Technik benutzt er. Nicht schwer für ihn, denn alles Technische, vor allem die High-Tech-Gedanken der Computerbranche, basieren auf Impulsen und Schwingungen. Für Geistwesen eine Spielerei!

Familie Jestetter machte Urlaub im Hessischen. Man fand in Kelkheim, ganz in der Nähe von Frankfurt, eine angenehme Unterkunft, die in dem für die dortige Gegend typischen Fachwerkstil erbaut war. Am Abend saß man in der gemütlichen Wirtsstube, um beim Apfelwein ein für Vater und Sohn Jestetter wichtiges Bundesligaspiel mitzubekommen: Der FC Bayern gegen den Hamburger Sportverein. Würde einer der vielen Fernsehsender eine Übertragung bringen? Und wann? Der Wirt meinte: »Ja sicher, freilich, bleiben Sie einfach hier sitzen ...«

Kurz nach dem Einschalten des Fernsehgerätes flimmerte der Bildschirm, dann erschien eine Engelsgestalt, die in Richtung Türe wies, zumindest hat Mutter Jestetter dies später so berichtet. Unmittelbar darauf war das Bild weg. Unwiderruflich. Der Fernseher hatte seinen Geist aufgegeben.

Sehr ärgerlich. Mehrere Gäste murrten. Der Wirt mühte sich, das kaputtgegangene Gerät wieder herzustellen. Umsonst.

Mutter Jestetter sagte, mehr einem Impuls folgend als rationaler Überlegung: »Karl-Ludwig, lass uns gehen …«

»Warum denn?« Der zehnjährige Michael war enttäuscht und wütend. Mit seinem Wunsch, hier zu bleiben und abzuwarten, fand er beim Vater viel Resonanz. Doch letztlich setzte sich die Mutter mit Bestimmtheit durch und machte einen Alternativvorschlag.

Nun denn. Man machte sich auf in die Metropole Frankfurt und dort gab es bald so viel Interessantes und Spektakuläres zu sehen, dass das versäumte Fußballspiel vollkommen in Vergessenheit geriet.

»Da haben wir gar nichts versäumt«, brummelte Vater Jestetter, als sie eine Zusammenfassung im Radio hörten, und der Sohn Michael zeigte sich mit dem Ergebnis so unzufrieden, dass er froh war, nicht vor dem Bildschirm wertvolle Freizeit vertan zu haben.

Spät am Abend kam man zurück.

Die Pension war abgebrannt.
»Es soll ein defektes Gerät ...«
Viele Verletzte. Wer hätte sagen können, ob die Familie aus der brennenden Wirtsstube hätte entkommen können? Und wenn ja, in welchem Zustand!
Keiner kann das sagen, hinterher. Aber auf dem Bildschirm des brandauslösenden TV-Gerätes war, kurz vor dem Kollaps, der Schutzengel erschienen, da ist sich Mutter Jestetter sicher. Mit einer hinausweisenden Hand: »Geht dorthin, bleibt nicht an diesem Ort!«

Gottes Wege sind unergründlich, heißt es. Die des Schutzengels auch. Wir haben schon gesehen und gehört, dass er sich materialisieren kann, also als Mensch erscheinen, dann wieder als Stimme, Gefühl, Intuition ...
Wichtig ist, dass wir auf ihn hören. Dies geschieht umso besser und sicherer, wenn wir an ihn glauben! Und wenn wir ihm einen Namen geben und mit ihm sprechen, dann kommt er leichter »zu uns rüber«, vor allem, wenn es nötig ist!

»Er, vor dem ich einhergegangen bin,
wird seinen Boten mit dir senden,
er wird deinen Weg glücken lassen ...«
(Genesis 24,40)

Schutzengel im Internet

Eine Spielwiese moderner Dämonen ist das Internet.

So geschah es im Jahre 2000, dass Klaus aus Essen »süchtig« nach seinem PC geworden war. Seine Frau Margot litt sehr darunter, doch all ihre Einwände bewirkten eher das Gegenteil von dem, was sie erhoffte.

Längst besaß Klaus Internet-Anschluss, er wurde besessen von dem stets neuen »Öffnen« des vermeintlich neu zu Schauenden – schließlich nutzte er jede freie Minute und gab sich ganz und gar dem zwanghaften Betrachten harter Pornografie hin.

Die Frau fühlte sich übergangen, gedemütigt. Sie drohte mit Scheidung. Und hörte trotzdem nicht auf, für ihn zu beten.

Eines Tages dann geschah das Unglaubliche: Immer wenn Klaus etwas nach seinem verdorbenen Geschmack Geartetes sehen wollte, blieb das Bild stehen, nichts auf dem Terminal ließ sich bewegen, der Mausklick war umsonst. Das Bild erstarrte immer genau vor dem entscheidenden Zugriff auf dämonenbeeinflusste Internet-Ware!

Klaus fluchte bitterlich, aber die Sprache der Hölle half ihm hier auch nicht weiter. So weh es ihm tat: Es gab für ihn keinen Zugriff mehr auf Internet-Pornografie.

Wollte er harmlose oder sinnvolle Dinge anklicken, auch Spiele, Informationen, geistreiche oder humorvolle Unterhaltung: kein Problem.

Was half ihm da all sein Fluchen, wenn seine Frau Margot heimlich betete. Sie betete für die Ehe, für die Kinder, für die seelische Rettung ihres Noch-Ehemannes.

Es ist so: Der Schutzengel geht oft seltsame Wege. Das Ziel findet er allemal, wenn man ihn sucht.

Technik ist für Engelwesen und Geister noch nie ein Problem gewesen, die Halbleitertechnik eines PC schon gar nicht. Engel und Geistwesen waren und sind ebenfalls Kraft, Schwingung, Energie, lange bevor alles andere da war. So ist es für den Schutzengel kein Problem, mit der Zeit zu gehen und da präsent zu sein, wo man ihn am dringendsten braucht.

»Er aber rührte mich an und stellte mich auf meinen Standort.«
(Daniel 8,18)

Die Botschaft des Laptops

In Gelsenkirchen hatte ein Schriftsteller nach langem Zögern die Arbeit mit der veralteten Schreibmaschine satt. Er kaufte, zusammen mit einem hilfsbereiten Freund, der stellvertretender Schulleiter an einer Wirtschaftsschule war und sich mit PCs auskannte, ein leidlich modernes Gerät. Die technischen Daten dieses Heimcomputers haben unseren Freund niemals genau interessiert, ihm kam es nur auf die Brauchbarkeit und Effizienz an.

Wie es immer so ist mit liebenswerten Menschen, die der Technik nicht allzu zugetan sind und sich jahrelang die Seele aus dem Leib schimpfen, ehe sie sich ans Neue wagen: Kaum war der rührige Schreiber an die neue Technik auch nur ein bisschen gewohnt, schon konnte er überhaupt nicht mehr davon ablassen!

»Einfach unglaublich!«, schwärmte er, »wie konnte ich das früher überhaupt aushalten: tippen, verbessern, ausschneiden, Tipp-Ex!«

So vergingen einige Jahre. Emil Feuerbach schrieb gar manches Werk, zumeist im Bereich heiterer Lebenshilfe, gut lesbare Bücher mit einer ganz eigenen

Diktion, die dann brav auf Festplatte gespeichert wurden und später, auf die Diskette überspielt, zum Verlag wanderten. Ihm, Emil, dem rührigen Wortefabrikanten, war es nicht bewusst, dass sein eigenartiger, humorvoller und doch tiefer Stil Leser wie magisch in den Bann zog.

Kurzum: Der Erfolg war da, die Leser und Leserkreise ebenso und in den Verlagsräumen lächelten alle, die ihn sahen, überzeugend freundlich.

Sein Lebensstil, der ehedem als überaus solid gelten konnte, geriet mehr und mehr ins Wanken. Nicht dass dieser bodenständige Mann sich je zum Lotterleben geeignet hätte, das nicht. Doch Emil rutschte über die Beschäftigung mit mehr oder weniger okkulten Inhalten immer tiefer in die Szene hinein, in der Magie und Dämonie eine große, wenngleich zunächst nicht sichtbare Rolle spielen.

Die Anfänge so gefährlichen Tuns mögen spielerisch sein und von lockerem Interesse herrühren, die Folgen sind jedoch katastrophal.

Es ist damit wie mit einer Sucht. Erst einmal ausprobieren, dann immer mehr, dann hat einen die Sache mit Leib und – vor allem Seele.

Die Seele. Dieses wertvollste Innere, Ewige und ewig Undefinierbare, das jedermann besitzt und das so wenig beachtet und gepflegt wird (dabei ist die Seele doch das, was am meisten beim Menschen der Pflege bedürfte!), dieses »göttliche Organ« also glitt bei Emil Feuerbach mehr und mehr aus dem Zentrum der Beobachtung und Sorgfalt. Er ward hingerissen vom Blendwerk der irdischen Welt, die ihm für sein schriftstellerisches Schaffen so viel Lorbeeren zukommen ließ, einer Welt im Diesseits, in der andere Werte galten: Erfolg, Ruhm, Anerkennung …

Das alles ging stufenlos und lautlos vor sich, auch die Technik schritt voran und Emil Feuerbach legte sich die modernste Version eines Laptops zu, einen Taschen-PC zum Aufklappen, nicht größer als eine Zigarrenkiste.

Wie groß war jedoch die Überraschung und das Erstaunen, als der Autor eines Tages den Deckel aufklappte: Das Hightechgerät wollte sich nicht einschalten lassen.

Dann tat es einen trockenen Schnalzer, das Display flimmerte und eine aufwühlende Schrift sagte unzweideutig: »Gehe in dich! Mache nicht weiter so! Achte auf deine Freunde! S. E.«

War das von ihm? Keinesfalls. Emil Feuerbach wusste nur zu genau, dass er diesen Text niemals getippt oder gar gespeichert hatte. Wer war S. E.? Es dauerte eine Weile, doch eines Tages fiel es ihm wie Schuppen von den Augen: Sein Schutzengel hatte sich auf diese sehr ungewöhnliche Weise gemeldet.

S. E. Schutzengel.

Dem Schutzengel ist jedes Mittel recht, um an den Mann zu kommen. Als Bote Gottes hat er das einzige Ziel, zu seinem Schützling zu gelangen und sich mitzuteilen. »Gott hat seinen Engeln deinetwegen befohlen.« – Engel sind in ihrem Bestreben, Gutes zu tun, der direkte Gegenpol zu den »gefallenen Engeln«, deren Helfershelfer das Heer von Dämonen darstellt. Pater Frumentius vermerkte in seinem geheimen Archiv: »Das Wirken der bösen Mächte können wir uns verdeutlichen, wenn wir es als Gegensatz zum Wirken der Engel, der seligen Geister, betrachten.«

Da der Pater immer wieder auf die Kraft der Segnungen hingewiesen hat, empfiehlt es sich durchaus, auch moderne technische Geräte zu segnen, damit alles, was damit getan wird, zur höheren Ehre Gottes geschehe.

DER VERHINDERTE
MOBILFUNK-SENDEMAST

In der Nähe des Mantals oberhalb des Starnberger
Sees, einer weit geschwungenen Talsenke mit ro-
mantischem Flusslauf, sollte ein hochrangiges spiri-
tuelles Zentrum errichtet werden. Die genaue Lage
sei hier nicht verraten, vielleicht ist dies auch nicht
im Sinne der Initiatoren. Auf jeden Fall wurde die
Örtlichkeit vermessen, wurden geomantische und
energetische Beobachtungen und Berechnungen an-
gestellt.

Ein Teil der Ärzte, Heiler, Energetiker, Wünschel-
rutengänger, die an dem großen und hoffnungsvol-
len Projekt beteiligt sein sollten, kamen direkt aus
dem »Frumentius-Kreis«, einer kleinen Gruppe von
Leuten, zumeist Heiler und Hellseher, die zu Lebzeiten des Paters mit diesem in enger Beziehung gestanden sind.

Während des bedeutenden Lebens des großen Bene-
diktiners haben diese Menschen sich zumeist nicht
gekannt, nach dem Tode des Paters wurden sie jedoch wundersam zusammengeführt – durch den
Schutzengel, das bezweifelt keiner.

Nun war die drängende Aktualität jene, dass in-

mitten der wunderbaren Landschaft ein Mobil-
funk-Sendemast aufgestellt werden sollte! Handy-
betrieb! Gepulste Wellen! Die Seuche der Gegenwart, die energetische Umweltverschmutzung
schlechthin!

Und dies in jener herrlichen Moränenlandschaft,
da, wo der Lüßbach fließt und ein Zentrum des
ganzheitlichen (holistischen) Heilens entstehen
sollte!

Die Gruppe wusste nur zu genau um die brisante
Gefährlichkeit von »Mobilfunk«: Zellveränderung,
unnatürliche Erwärmung des Gehirns – von der spirituellen Perversität des Dauertelefonierens in herr-
licher Natur, von der Sucht, den üblen Wellen und
all dem ganz zu schweigen.

Man schloss sich zusammen zu einem verschworo-
nen Kreis – und betete.

Wie durch Wunderhand verzögerte sich die Auf-
stellung des Mobilfunk-Sendemasten und verzö-
gert sich noch. Die Leute beten weiter und im
Hintergrund hilft mit Sicherheit noch jemand anderes mit …

*Kein Mensch wird bestreiten, dass die Zeitenläufte
immer undurchsichtiger, chaotischer, ja perverser
werden. Raffinierte Verführung, vor allem Ablenkung allenthalben.*

*Gott braucht weder Handy noch Mobilfunk: Ein
guter Gedanke genügt. Beten ist Denken an Gott.*

Und beten hilft den Menschen aus Notlagen. Es wird Zeit, dass sie sich wieder auf das Wesentliche besinnen. Das, was das Leben ausmacht. Die Nähe zu Gott.

Der Schutzengel
in der Sterbestunde

Musik von oberhalb des Kirchendaches

Wenn in alten Heiligenlegenden zuweilen davon berichtet wurde, dass in den Sterbestunden Engelsgesang zu hören gewesen sei, so hat eine solche Notiz dem modernen Menschen nichts mehr zu sagen. Legendenkitsch!

Pater Frumentius weist jedoch in seinem geheimen Archiv nachdrücklich darauf hin: »So etwas kommt auch heute noch vor.«

Und er berichtet über die Chinamission der Steyler Missionare aus Chumatien.

Nach der Befreiung der besessenen Maria Thien wurde Anfang 1930 ein Dankgottesdienst abgehalten. Dabei ereignete sich Folgendes: Das Sanctus der Messe war soeben vollendet, als die Priester eine deutlich wahrnehmbare allgemeine Unruhe unter den Schwestern bemerkten! Ein Hin und Her, ein Nach-oben-Blicken, dazu eine völlig unerklärliche Aufgeregtheit, die gar nicht zu dem gewohnten Verhalten der gottesdiensterprobten Frauen während einer heiligen Messe zu passen schien!

Diese Aufregung rührte daher, dass die Schwestern etwas ganz Bestimmtes zu hören glaubten, dieses außergewöhnliche Klangerlebnis jedoch für so unwahrscheinlich hielten, dass sie sich jetzt und sofort darüber verständigen und austauschen wollten. Und siehe da, eine jede, die gefragt wurde, bestätigte: »Ja, ich kann es ebenfalls hören!«

Eine im wahrsten Sinne himmlische Musik, entzückende Himmelslaute, Sphärenklänge. Frumentius sagt wörtlich: »Diese wunderbare Musik kam von oberhalb des Kirchendaches.« Zudem waren sich alle einig, dass es sich keinesfalls um chinesische Musik handeln könne!

Damit war klar, dass die soeben gehörte Musik »woanders« herrührte. Interessant ist in diesem Zusammenhang die Formulierung »von oberhalb des Kirchendaches« – also darüber?

»Heutzutage pflegt man solche Episoden von Engelsmusik, also der hörbaren Anwesenheit von Schutzengeln, zu überlesen«, meint Frumentius und fügt seinen berühmten Satz hinzu: »Das Reich des Lichts ist uns genau gesehen also viel näher, als wir glauben möchten.«

Diese wunderbaren Engels-Klang-Erlebnisse sind durchaus in den Bereich »Lichterlebnisse« einzureihen.

Man kann vermuten, dass hier das Engelslicht so stark ist, dass es »in uns« wahrgenommen wird. Licht als spürbare Schwingung »in einem selbst«: Akustisches Licht – was für eine herrliche Vorstellung!

HÖRBARE ANWESENHEIT IN
DER STERBESTUNDE

Das Schicksal der einunddreißigjährigen Anna K. war traurig genug, musste die Mutter zweier Kinder doch in so jungem Alter an Krebs sterben. Pater Frumentius, der Wert auf absolute Authentizität seiner Geschichten legte, sagte: »Es war mir möglich, den Geschichten um ihre Sterbestunde nachzugehen und die Mutter der Toten genau zu befragen.«

Das Sterben ging demnach so vor sich: Da lag die junge Frau, jedermann wusste, was los war, sie selbst wusste es auch. Sie war jedoch seltsam gefasst, ja entrückt und lauschte wie in einem guten Konzert.

Nur wem?

Auch die Anwesenden, die um ihr Bett herumstanden, hörten die wunderbare Musik. Keiner wagte allerdings, das Phänomen auszusprechen. Erst hinterher, als Anna längst beerdigt war und friedlich im Grab ruhte, da tauschte man sich langsam aus – und im Kreise der Beteiligten wusste daher bald jeder, dass es keine Halluzination eines Einzelnen gewesen sein konnte!

Die Musik sei kaum zu lokalisieren gewesen, diese Musik war einfach da. Kam sie aus der Wand oder

von oben? Wörtlich sagte Pater Frumentius: »Sie war einfach im Raum. Aber ganz anders, als würde man Musik aus Lautsprechern hören oder als sei irgendwo eine Kapelle mit Musikanten. Diese sehr feierliche Musik war der Szene förmlich einbeschrieben.«
Zwei Mal hörte man die fantastischen Klänge noch. Und ein drittes Mal. Das war dann bei der Beerdigung.

Das Phänomen der deutlich hörbaren Musik während eines Sterbevorganges ist zugleich faszinierend und schön. Und vor allem sehr tröstlich. Der Klang entsteht, weil die Sphären sich vermischen. Das Szenario ist wie ein Trichter – nach oben!
Frumentius stellt fest, dass die bevorstehende Erlösung und Verklärung – der Tod also – auch sonst oft seine Zeichen vorauswirft. So sang ein Mitbruder, obwohl er in Todesnähe nicht einmal mehr hatte reden können, ein Lied, anmutig und schön mit klarer und fester Stimmführung. Engelsmusik.

»Der Arme starb und wurde von den Engeln hinweggetragen.«
(Lukas 16,22)

ENGELSMUSIK
FÜR DIE LETZTE RUHESTÄTTE

Die folgende Geschichte spielt zur Zeit des Kaisers Marc Aurel.

St. Constantin, der Bischof zu Peras, war als aufrechter Fürsprecher des noch neuen christlichen Glaubens arg geschunden worden. Die Soldaten des Kaisers reagierten an ihm ihre niedrigsten Instinkte ab, denn der Hass ist immer dann am größten, wenn das eigene Gewissen die Sache, gegen die man so brutal auftritt, gutheißen könnte. Es galt, keinesfalls das mit gewaltiger Kraft sich ausbreitende Urchristentum zuzulassen – dann schon lieber einen Christen umbringen!

Constantinus wurde also aufgegriffen, ins Gefängnis geworfen und ganz übel zugerichtet.

Und wieder war es der Engel des Herrn, im wahrsten Sinne ein Schutzengel, der ihm die ungeheuren Schmerzen erträglich machte, ihm diese am Ende sogar nahm und ihn von allen Wunden »befreyete«, wie die alte Chronik erzählt.

Für einen Außenstehenden, der diese Geschichte liest, mag sie eher traurig klingen, sie ist es jedoch nicht.

Denn St. Constantin, der Bischof zu Peras, hatte mit diesem irdischen Leid die himmlische Glückseligkeit erlangt.

Sein »verworffener und unbegrabener Leichnam« lag nun allerdings, allen neugierigen Blicken ausgesetzt, sichtbar auf freiem Felde herum.

St. Constantinus hatte jedoch so selbstvergessen durch sein mannhaftes Einstehen für den wahren Glauben den Tod auf sich genommen, dass höhere Mächte einzugreifen sich genötigt sahen.

An der Stelle, da der Tote lag, ertönte alsbald himmlische Engelsmusik: Harfenspiel, feinster Klang aus verzauberten Geigen, Trompeten, sogar Pauken! Wer aber vollbrachte die göttliche Symphonie? Musiker waren weit und breit nicht zu sehen, die Musik jedoch zu hören.

Diese schwoll an zum Crescendo des wahren Glaubens, bis fulginische Bürger, die an dem Orte vorbeikamen, auf die Klänge aufmerksam wurden.

»Eine absonderliche, wunderbare Musik«, sagte der Erste.

»Ja, himmlische Klänge, nur woher?«, so der Begleiter. Nun vernahmen auch die Frauen der Gruppe Choräle wie aus Wolken, eine Sphärenharmonie der Töne, ja gar das himmlische Jerusalem in Noten!

Die Zeitgenossen waren wie von Sinnen, erst standen sie still, starr, vom Glauben erschüttert, vom Licht der Schöpfung gerührt, vom Hereinbrechen der anderen Welt überwältigt. Dann gingen sie einfach den Tönen nach. Und fanden den erschlagenen Märtyrer.

»Das ist doch …«

»Constantin!«

Man barg den Toten, ähnlich wie ein mitleidender Bürger damals für den Leichnam Christi bezahlt hatte, um ihn vom Kreuze abzunehmen und zu beerdigen.

St. Constantin wurde in weißes Leinen gewandet und in einer würdigen Stätte zur ewigen Ruhe gebettet.

Die Engelsmusik hatte dafür den Weg gewiesen.

Die Geschichten vom reinen Schutzengel und dem himmlischen Boten vermischen sich hier auf erhebende Weise. Der Himmel selbst, die höchste ewige Glückseligkeit, wird durch das Auftreten der Engel repräsentiert. Ähnliche Berichte kennt unsere Zeit von den Nah-Tod-Erfahrungen. Pater Frumentius wörtlich: »Gewiss ist, dass mit dem Tod längst nicht alles aus ist. Welches Geschick die Seele je nach Verdienst oder Missverdienst erwartet, lehrt der christliche Glaube und die Tradition samt Erfahrungen. Der Mensch darf den Blick in die andere Welt gar nie aus den Augen verlieren. Es geht Tag für Tag um die Sicherung des ewigen Heiles durch ein Leben aus dem Glauben an Jesus Christus. Für den Leib des Menschen ist vom Herrn das eine gesagt, dass er auferstehen werde – zum Leben oder zur Verdammnis.«

DIE PERSÖNLICHSTE TAT
DES MENSCHEN

Der Fall von Hermann Pollack zeigt, dass tot sein nicht immer gleichbedeutend ist mit tot sein. Und dass der Schutzengel in solch einem Fall eine ganz besondere Aufgabe hat.

Pater Frumentius hat viele Sterbende begleitet und vielen Angehörigen Trost gespendet. Aus seiner außergewöhnlichen Erfahrung wusste er, dass Gestorbene längere Zeit, vielleicht sogar bis zu vierzehn Tagen, nicht wissen, dass sie gestorben sind und noch ihre irdischen Beschäftigungen und Taten vollziehen wollen.

Hermann Pollack hatte ihn mehrfach verzweifelt aufgesucht und Folgendes berichtet:

»Meine Frau kommt jeden Abend zu mir! Ich halte das nicht mehr länger aus!«

Dann schilderte der verzweifelte Hinterbliebene einen solchen Abend:

»Alles geschah, wie fast jeden Abend, so gegen elf Uhr. Schlafen konnte ich nicht, ich versuchte, mich mit einem harmlosen Fernsehfilm etwas abzulenken. Wurde ich langsam verrückt? Denn immerzu hatte ich, wenn ich aus dem Zimmer ging und wieder zurückkam, das Gefühl, als sei jemand da. Es kam jedoch noch schlimmer. Denn plötzlich stand tatsächlich meine Frau leibhaftig vor mir. Sie sagte, sie müsse noch dies und jenes erledigen, zum Beispiel saubermachen, einkaufen, waschen, ganz so, wie sie es während ihres Lebens auch getan hatte.«

Der Mann schluckte und sah dem Pater blicklos in die Augen: »Das macht mich fertig. Sie ist tot. Ich war doch bei ihrer Beerdigung. Ich habe sie geliebt und trauere. Doch diese Erscheinungen ...« Pater Frumentius wusste, was in solch einem Fall nötig war und was der Ehemann unmittelbar nach dem Sterben der Frau hätte tun sollen: den Schutzengel um Hilfe und Erlösung bitten.

Schließlich betete Hermann Pollack zum Schutzengel. Der riet: »Nimm die Hand der Erscheinung und sage: Du musst dich jetzt lösen von deinem Körper!«

Hermann Pollack befolgte diesen Rat und war fortan sicher, dass seiner Frau nun das Hinüberwechseln in die Anderswelt geglückt war.

Das Sterben ist geheimnisumwittert. Jedes Sterben trägt seinen besonderen Charakter. Es ist die persönlichste Tat des Menschen. Seine letzte Tat und zugleich der Beginn seiner Ewigkeit. Der Führer im Jenseits kann auch der Schutzengel sein! Warum sollte der himmlische Bote, der ein Leben lang für

Körper, Geist und Seele des Menschen Sorge trug, nicht auch in diesen so entscheidenden und einmaligen Momenten des Hinüberwechselns in die Anderswelt für einen da sein?

»Sein Gewand war weiß wie Schnee ...«
(Daniel 7,9)

DER GRABENGEL

Wie Recht hatte Frumentius mit den wunderbaren
Sätzen aus seinem Nachlass: »Die Toten sind uns
näher, als wir glauben …«

Ganz in der Nähe der erhabenen Christusfigur, die
im Gegenlicht eines Kapellenfensters steht, ruht der
viel geliebte Benediktiner nun selbst, hingegangen
in die so andere Welt, die er persönlich längst kannte – Pater Frumentius.

Der Weg auf dem Friedhof hin zu seinem Grab ist
zum ausgetretenen Trampelpfad geworden, so viele
Menschen wollen Zwiesprache halten. Die Zahl der
ankommenden Beter und Trost Suchenden nimmt
täglich zu.

Das Grab liegt in unmittelbarer Klosternähe und
ist leicht zu erfragen. Die Ausstrahlung dieses Or-
tes ist wundervoll. Was für ein magischer, heiliger
Fleck Erde!

Und! Etwas ist eindeutig spürbar an genau diesem
Platz und alle Besucher bemerken es: Der Pater
ist da.

So kann ich eine Geschichte erzählen, die mir selbst
widerfuhr; es war bei meinem zweiten Besuch des

Grabes. Da ward mir eine sonderbare Begegnung geschenkt.

Als ich meditierend an der Stätte stand und das liebevolle Lachen des Dahingegangenen spürte, kam ein Benediktinermönch daher. Weder näherte sich dieser auf leisen Sohlen noch war es so, dass ich ihn zu spät bemerkt hätte (mir fällt immer auf, was in meiner unmittelbaren Umgebung passiert!).

Er war einfach da. Auch er wollte an Frumentius' Grab beten.

Es ist an diesem Fleck der Erde, da der zu Lebzeiten so kontaktfreudige Wanderer zwischen den Welten ruht, unmöglich, nicht ins Gespräch zu kommen.

Der Bruder kannte den alten weisen Pater gut, erzählte dies und das.

»Ich will die Toten in Ruhe lassen«, sagte ich, »das habe ich bei Frumentius selbst gelernt. An ihn denken, ja. Mehr nicht. Keine gezielten Fragen, obwohl ich weiß Gott wie viele Fragen hätte!«

»Dafür ist er doch da!«

»So?«, echote ich.

»Er ist zu Lebzeiten auch immer an der Pforte gestanden und hat gewartet, bis einer kommt und etwas von ihm will.«

»Und?«

»Das tut er jetzt auch.«

Als ich den Mönch anblickte, lachten mich seine Augen mit kindlicher Freude an. Die Augen des Himmels. Es war das unvergessene Augenpaar: lie-

bevoll, koboldisch, wissend ... Die Augen von Pater
Frumentius.
Engel der Begegnung.
Der Mönch war verschwunden.

*An oben beschriebener Stelle, an der der Pater ruht,
kann man getrost von einem Grabengel sprechen.
Der ist da und hat mit dem Pater, der so heiter sein
kann, viel gemeinsam. Dass Tote in beschützender
Weise anwesend sein können, davon zeugen viele
authentische Begebenheiten.*

*Den vielen, vielen Lesern dieses Buches, all denen,
die den weisen und heilenden Benediktiner gekannt haben, persönlich oder telefonisch, kann so
ein Grabbesuch nur angeraten sein.*

*Und sie mögen dort das tun, was der weise Mann
bei jeder Begegnung stereotyp empfahl: Beten. Beten.
Beten.*

*»Und als sie in das Grab hineingingen, sahen sie zu
ihrer Rechten einen Jüngling sitzen, in einen wei-
ßen Talar gewandet – da erschauderten sie. Er aber
sagte zu ihnen: Erschaudert nicht! Jesus sucht
ihr, den Nazarener, den Gekreuzigten – auferweckt
ward er.«*
(Markus 16,5-6)

208 Seiten · ISBN 3-485-00853-2

Fritz Fenzl
Wahre Wunder

Wunder gibt es!

*Fritz Fenzl präsentiert eine spannende und unter-
haltsame Auswahl wahrer Wundergeschichten. Von
der heilenden Kraft des Gebets, der wundersamen
Macht von Sakramenten, dem Vorhandensein von
dämonischen Spukwesen ist dort ebenso die Rede
wie von Schutzengeln und Zufällen, die keine sein
können.*

nymphenburger

Besuchen Sie uns im Internet unter http://www.herbig.net